SIGRID ENGELBRECHT

MEIN BUCH DER STÄRKEN

Verborgene Fähigkeiten
erkennen und nutzen

INHALT

6 FLÜGEL AUF DEM WEG ZU IHREN ZIELEN

22 DAS FINDE ICH SELBST AN MIR STARK

44 DAS FINDEN ANDERE AN MIR STARK

62 DIE QUELLEN MEINER STÄRKEN

82 DIE STÄRKEN ANDERER

96 STARKER UMGANG MIT KRISEN

112 STARKE SCHWÄCHEN

128 STÄRKEN STÄRKEN

146 DIE ZUKUNFT
JETZT GESTALTEN

166 ZUM NACHSCHLAGEN

168 IMPRESSUM

ÜBUNGEN

20 ÜBERZEUGUNGEN AUF DEM PRÜFSTAND

60 HUT AB

94 IN DEN MOKASSINS EINES VORBILDS

144 STÄRKEN JEDERZEIT AKTIVIEREN

3

Vorwort

1 2 3

EIGENTLICH VERFÜGT JEDER VON UNS über zahlreiche Talente, Fähigkeiten und gute Eigenschaften. Gleichwohl gehen viele Menschen mit einem bedrückenden Gefühl von Unzulänglichkeit durchs Leben.

Viel befriedigender ist es, wenn Sie den Blick auf Ihre starken Seiten richten, auf Ihre ganz persönlichen Qualitäten. Dabei unterstützt Sie dieses Buch, und es soll zu Ihrem ganz persönlichen Begleiter auf dem Weg zur Erfüllung Ihrer Wünsche und Ziele werden:

- Es nimmt Sie mit auf eine Entdeckungsreise zu Ihren Begabungen.
- Sie lernen neue Facetten an sich kennen.
- Sie erhalten viele Impulse, wie Sie Ihre Stärken künftig mit Erfolg im Privatleben und im Beruf einbringen können.

Am besten profitieren Sie, wenn Sie die Kapitel nacheinander durcharbeiten, denn das Buch ist so aufgebaut, dass Sie von den Ihnen bereits bekannten Stärken immer mehr zu Ihren verborgenen Stärken vordringen. Lassen Sie sich Zeit mit dem Ausfüllen der Seiten – es lohnt sich, über viele Themen ein wenig länger nachzudenken.

Die Selbsterkenntnis steht am Beginn des Weges, der vor Ihnen liegt, und mit der Zeit werden die Wertschätzung Ihrer Persönlichkeit und das Vertrauen in das, was Sie können, automatisch wachsen. Stellen Sie künftig das, worin Sie gut sind, in den Mittelpunkt! Und entwickeln Sie es weiter. Dazu möchte ich Sie mit diesem Buch inspirieren.

Ihre Sigrid Engelbrecht

FLÜGEL AUF DEM WEG ZU IHREN ZIELEN

VOM TALENT
ZUR STÄRKE

WIR ALLE verfügen über Begabungen beziehungsweise Talente in ganz individueller Zusammensetzung und Ausprägung. Meist sprechen wir vor allem im künstlerischen, sportlichen oder naturwissenschaftlichen Bereich von Begabungen, doch es gibt weit mehr Möglichkeiten.

Sie umfassen so unterschiedliche Dinge wie Menschenkenntnis, Intelligenz, Fähigkeiten im Umgang mit Kindern, eine gute Urteilskraft, handwerkliches Geschick, Orientierungsvermögen, logisches Denken, Sorgfalt, einen »grünen Daumen« im Umgang mit Pflanzen oder Ausdauer, um nur einige wenige beliebig herauszugreifen.

Ein Talent ist eine spezifische Kompetenz, die wir nicht durch Lernen oder eine Ausbildung erworben haben, sondern über die wir bereits von früh an verfügen. Diese Kompetenz befähigt uns zu guten oder auch überragenden Leistungen.

Mit einem Talent allein ist es jedoch noch nicht getan. Viele Menschen verfügen über Begabungen, ohne etwas daraus zu machen. Es muss noch mehr dazukommen, damit eine Stärke daraus wird: Zum einen gilt es, dazuzulernen und sich Wissen zu erwerben. Und zum anderen sind Anwenden und Üben gefragt.

STÄRKEN – UNSERE QUALITÄTEN, DIE UNS AM MEISTEN DABEI UNTERSTÜTZEN, ERFOLGREICH ZU SEIN

Stärken sind unsere besonderen Fähigkeiten, die wir auch jederzeit abrufen und spontan einsetzen können, um anspruchsvolle Herausforderungen zu meistern. Sie begründen unseren persönlichen Erfolg und können uns auf dem Weg zu unseren Zielen Flügel verleihen.

Damit wir in einem bestimmten Tätigkeitsbereich eine Stärke entwickeln können, müssen zwei Bedingungen erfüllt sein:

1. Die Tätigkeit basiert auf einem unserer Talente.

2. Über einen längeren Zeitraum hinweg haben wir die Fähigkeit dazu immer wieder eingesetzt, weiterverbessert und schließlich zur Vollendung gebracht.

CHARAKTERSTÄRKEN,
der Weg zum guten Leben

Darüber hinaus gibt es noch eine weitere Dimension unserer starken Seiten: die sogenannten Charakterstärken oder auch »Signatur-Stärken«, wie Professor Martin Seligman sie nennt. Der renommierte US-amerikanische Glücksforscher – er gilt auch als »Vater der Positiven Psychologie« – hat 24 dieser Signatur-Stärken ausfindig gemacht. Darunter versteht er – dem Philosophen Aristoteles folgend – unsere ethischen Tugenden.

Seligman rät, sich darüber klar zu werden, über welche Signatur-Stärken man verfügt, und sich dann im Alltag möglichst häufig solchen Tätigkeiten zu widmen, bei denen man diese bevorzugt einsetzen kann. Das, so Seligman, sei seine Formel, »authentisches Glück zu erlangen« – eben »ein gutes Leben«. Sicherlich bringen wir hinsichtlich dieser persönlichen Stärken eine gewisse genetische Disposition mit. Es kommt jedoch darauf an, ob und wie die jeweilige Stärke durch Erziehung und durch persönliche Erfahrungen weiter gefördert oder ob sie abgeschwächt wird.

DIE SIGNATUR-STÄRKEN AUS DER SICHT DER GLÜCKSFORSCHUNG

Kreativität	Neugier	Urteils-vermögen	Liebe zum Lernen
Weisheit	Tapferkeit	Ausdauer	Authen-tizität
Enthusiasmus	Bindungs-fähigkeit	Freundlichkeit	Soziale Intelligenz
Teamwork	Fairness	Führungs-vermögen	Vergebungs-bereitschaft
Bescheiden-heit	Vorsicht	Selbst-regulation	Sinn für das Schöne
Dankbarkeit	Hoffnung	Humor	Spiritualität

ANLAGE ODER UMWELT?

LANGE ZEIT herrschte die Überzeugung, dass das, was unser Potenzial ausmacht, eine Frage des Erbgutes sei: Entweder man hat also die Voraussetzungen oder man hat sie nicht.

Herausragende Persönlichkeiten ihrer Zeit, die sich bereits früh den Themen zuwandten, mit denen sie berühmt werden sollten, schienen dies zu bestätigen. In den 70er-Jahren des 20. Jahrhunderts schlug das Pendel dann nach der anderen Seite aus: Der Blick auf den prägenden Einfluss der Umgebung bei der Entwicklung des menschlichen Potenzials trat in den Vordergrund. Vielfach glaubte man, jeder könne im Prinzip alles erlernen, wenn er nur die richtigen Bedingungen dazu habe und auch entsprechend gefördert werde: vom Elternhaus angefangen bis zu Freunden und Schule.

Die Wahrheit liegt wie so häufig in der Mitte. Heute sind Hirnforscher, Psychologen und Pädagogen der Ansicht, dass es stets Kombinationen von Genen einerseits und Umweltbedingungen andererseits sind, die Einfluss auf die Entwicklung unseres persönlichen Potenzials und damit auf die Herausbildung unserer Stärken nehmen. Allerdings ist es nicht ganz so einfach, denn Gene können Umwelteinflüsse verstärken oder abmildern, so wie umgekehrt auch Umwelteinflüsse die Ausprägung von Genen mitformen.

Was das für uns BEDEUTET

Unsere Gene bestimmen mit darüber, wie wir aussehen, welche Begabungen wir »von Haus aus« mitbringen und welche Charaktereigenschaften uns auszeichnen. Doch es sind eben nicht nur die Gene. Sie bilden sozusagen die Basis für unsere Entwicklung – was wir daraus machen, liegt einerseits an dem, was wir an Anlagen mitbringen, und andererseits an den Rahmenbedingungen, die wir in unserer Umgebung vorfinden.

Das sollten wir uns immer wieder vergegenwärtigen. Wenn wir nämlich fest davon überzeugt sind, dass angeborene Talente die größte

UND WAS IST MIT ZWILLINGEN?

In verschiedenen Studien zu eineiigen Zwillingen, die getrennt voneinander aufwuchsen, versuchte man Genaueres darüber herauszufinden, welche Talente und Fähigkeiten angeboren und welche erlernt sind. Die Beispiele eineiiger Zwillinge, die kurz nach der Geburt getrennt wurden und beim ersten Wiedersehen nach Jahrzehnten feststellten, dass es in ihren Biografien erstaunliche Übereinstimmungen gab, sind natürlich beeindruckend. Dennoch konnten Zwillingsforscher bis heute die spannende Frage nicht abschließend klären, welche unserer persönlichen Eigenschaften und Fähigkeiten eher genetisch bestimmt sind und welche maßgeblich durch die Erziehung, das Milieu und die Lebensumstände ausgeprägt werden.

Rolle im Leben spielen, sind wir natürlich wenig geneigt, Dinge auszuprobieren und neue Erfahrungen zu machen, von denen wir schon im Voraus glauben, dafür nicht die richtigen Voraussetzungen mitzubringen. Woher aber wollen wir das wissen, wenn wir uns gar nicht erst darauf einlassen?

ERFOLG mit Talenten

Neuere Studien haben dargelegt, dass unser Erfolg im Leben weniger davon abhängt, ob wir über herausragende angeborene Begabungen verfügen, sondern vielmehr davon, was wir aus unseren Fähigkeiten machen, wie wir sie fördern und wie wir sie weiterentwickeln.

>> *GENIE IST 1 PROZENT INSPIRATION UND 99 PROZENT TRANSPIRATION.* <<

Thomas Alva Edison, amerikanischer Erfinder

Sicherlich gehen etliche unserer Talente auf eine spezielle genetische Prägung zurück – denken wir nur an Musikerfamilien, an Hochbegabte und an sportliche Spitzentalente. An ihnen lässt sich besonders deutlich beobachten, dass einem manches offensichtlich in die Wiege gelegt wird. Doch auch dann geht ohne Übung nichts: Das Talent kann nur zur Blüte kommen, wenn es gezielt trainiert wird. Das heißt: Erfolg hängt von unserer Bereitschaft ab, unsere Talente zu hegen und zu pflegen, sie häufig einzusetzen und immer wieder dazuzulernen. Es kommt auf das Wissen an, das wir uns aneignen, und auf die Fähigkeiten, die wir auf der Basis eines genetisch bedingten Talents entfalten.

WARUM UNS VIELE STÄRKEN NICHT BEWUSST SIND

EINIGE UNSERER TALENTE kennen wir, andere sind schwer ausfindig zu machen, zum Beispiel, weil sie uns so selbstverständlich sind, dass wir sie gar nicht als etwas Besonderes wahrnehmen.

Fast drei Viertel unseres gesamten Wissens und Könnens eignen wir uns nicht in Ausbildungen oder Weiterqualifizierungsmaßnahmen an – wie man das vielleicht erwarten würde –, sondern etwa im Job, in der Familie, über Freunde, im Rahmen ehrenamtlicher Engagements, bei Freizeitaktivitäten oder wenn wir Hobbys pflegen.

»DAS LETZTE, WAS EIN FISCH ENTDECKEN WIRD, IST DIE EXISTENZ VON WASSER.« Chinesisches Sprichwort

Weil wir unsere Fähigkeiten somit oft nur rein informell erworben und ausgebaut haben, sind wir uns vieler Stärken gar nicht als besonderer Kompetenzen bewusst, sondern erleben sie als etwas völlig Normales und Selbstverständliches. »Das kann doch jeder«, sagen wir dann oder »Das ist doch nichts Besonderes«. Was uns ständig zur

Verfügung steht, wird so sehr zum Teil unseres Selbstverständnisses, dass es uns gar nicht mehr bewusst ist. Wir sind dann unseren Stärken gegenüber betriebsblind geworden.

Erst wenn jemand anderem genau das schwerfällt, was uns mit Leichtigkeit von der Hand geht, merken wir auf und stellen fest, dass es sich hier wohl um eine Stärke handeln könnte. Damit sind wir nicht allein. Die meisten Menschen können nur einen kleinen Teil ihrer Vorzüge überhaupt beschreiben.

Manche in uns steckende Fähigkeit entdecken wir auch erst dadurch, dass wir in eine ungewöhnliche Situation geraten und gefordert sind, Dinge zu tun, die wir noch nie zuvor getan haben – einfach weil wir in dieser speziellen Lage keine andere Wahl haben. Wir wachsen über uns hinaus. Doch diese Fähigkeit hat die ganze Zeit in uns geschlummert, ohne dass wir davon eine Ahnung hatten.

Selbst heute können noch Stärken in uns vorhanden sein, die nur darauf warten, endlich gewürdigt und eingesetzt zu werden! Denn auch als Erwachsene entwickeln wir uns ständig weiter und eignen uns neues Wissen und neues Können an. Dabei bauen wir, bewusst oder unbewusst, auf denjenigen Talenten und Kompetenzen auf, die wir schon früher erfolgreich eingesetzt haben. Das Gehirn ist hier unglaublich flexibel. Es verändert die Eigenschaften einzelner Nervenzellen, Synapsen und ganzer Gehirnareale in Abhängigkeit davon, wie wir unser Gehirn nutzen. Wie Neurowissenschaftler herausgefunden haben, ist diese Plastizität des Gehirns die Grundlage aller Lern-, Entwicklungs- und Veränderungsprozesse – und sie bleibt uns ein Leben lang erhalten.

WIDMEN Sie sich mehr Ihren STÄRKEN!

Es gibt eine Vielzahl von Gründen dafür, weshalb Menschen sich nicht mit dem befassen, was ihnen wirklich liegt und was sie auch weiterbringt. Sei es, dass sie sich zu sehr auf ihre Schwächen konzentrieren, sei es, dass sie nicht recht an die eigenen Vorzüge und das Potenzial, das in ihnen steckt, glauben mögen.

Genauso viele gute Gründe gibt es, sich seinen Stärken zu widmen. Zum Beispiel: Es macht wesentlich mehr Spaß, sich mit seinen starken Seiten zu befassen, als sich die eigenen Defizite vor Augen zu halten! In Ihnen steckt nämlich vieles, was noch nicht herausgelockt wurde. Und das bringt Ihnen die Beschäftigung mit den eigenen Pluspunkten außerdem noch:

- Das Selbstvertrauen wächst: im Umgang mit anderen Menschen genauso wie angesichts von Herausforderungen.
- Sie erhöhen Ihre Chancen in Bereichen, in denen Sie stark sind, Außergewöhnliches zu leisten.
- Sie schärfen Ihren Blick für berufliche Tätigkeiten, die Ihren Talenten entgegenkommen.

UNSERE VORLIEBE
FÜR SCHWÄCHEN

WÄHREND UNSERE STÄRKEN uns also oft so selbstverständlich sind, dass wir sie kaum als Vorzüge wahrnehmen, sehen wir unsere schwachen Seiten meist viel deutlicher.

Wenn wir im Alltag immer wieder aufs Neue mit Schwierigkeiten zu kämpfen haben, die einander ähnlich sind, kommt schnell das Gefühl auf, hier eine Schwäche zu haben – irgendein Denk- oder Verhaltensmuster, das uns im Weg zu stehen scheint. Und der Schluss liegt nahe: Die muss ich bekämpfen!

Stattdessen könnten wir uns aber auch fragen: Welche meiner Stärken könnte ich künftig einsetzen, um mit der schwierigen Situation besser klarzukommen?

Warum nur sind wir oft so auf das fixiert, was nicht funktioniert? Nun, die Fähigkeit, aus Fehlern zu lernen, ist einer der wichtigsten Mechanismen der Evolution. Für unsere Vorfahren, die als Jäger und Sammler durch die Savanne streiften, konnte von einer Fehlentscheidung das Leben abhängen, und es war essenziell wichtig, dass Fehler, die einen in Gefahr gebracht hatten, nicht ein weiteres Mal gemacht wurden. In vielen Bereichen ist das frühzeitige Erkennen von Fehlern und Schwachstellen ein Muss, etwa beim Durchchecken eines Flugzeugs vor dem Start. Aber Menschen sind keine Flugzeuge – und so ist es

nicht einzusehen, dass wir auch in puncto Entwicklung unseres Potenzials von früh an lernen, eher auf das zu schauen, was wir (noch) nicht können, als auf das, worin wir glänzen.

Auch wer sich weiterentwickeln will, konzentriert sich oft einseitig auf seine Schwächen – oder das, was er dafür hält. Viele Menschen sind es gewohnt, sich als eine Art lebende Baustelle zu sehen, und sie glauben, dass sie vorrangig ihre Schwächen ausrotten müssten, um Erfolg zu haben. Sie verwenden viel Energie darauf, vermeintliche Unzulänglichkeiten auszumerzen. Nach dem Motto: »Was muss ich an mir noch alles verbessern, um zufrieden zu sein.« Oder: »Wie kann ich mich optimieren, damit andere mich endlich akzeptieren?« Das ist freilich ein mühsames Geschäft, und die Knute sitzt uns ständig im Nacken.

Doch wenn wir uns überwiegend auf das konzentrieren, was wir nicht können beziehungsweise nicht schaffen, oder wo wir glauben, nicht gut genug zu sein, dann verlieren wir unsere Stärken aus dem Blick. Dabei gibt es so vieles, was uns gelingt und was wir Tag für Tag hervorragend bewältigen! Wenn wir das nicht wahrnehmen, wird unser Selbstvertrauen geschwächt anstatt gestärkt, und das erzeugt mit der Zeit ein Gefühl von Überforderung.

Schwächen? Alles ANSICHTSSACHE!

Ob wir etwas als Stärke oder als Schwäche sehen, ist oft eine Frage der Interpretation. Viele Eigenschaften, Verhaltensweisen oder auch

Aspekte unseres Erscheinungsbildes sind nicht an sich positiv oder negativ, sondern wir bewerten sie in der einen oder in der anderen Richtung: als Schwäche oder als Stärke.

Sensibilität kann der eine als große Stärke an sich wahrnehmen, der andere hält sich deshalb für ein Weichei. Die eine ist stolz auf ihre Genauigkeit, die andere schimpft sich deshalb eine Erbsenzählerin.

Wie wir eine Eigenschaft beurteilen, hängt von den Erfahrungen ab, die wir mit der entsprechenden Qualität gemacht haben, und den Assoziationen, die wir damit verbinden. Wer beispielsweise oft dafür gescholten wurde, ein Tagträumer zu sein, wird sich schwer damit tun, seine Fähigkeit zu kreativer Gedankenwanderung als persönlichen Vorzug zu betrachten. Unsere Selbsteinschätzung bestimmt darüber, wie wir uns fühlen und wie wir uns verhalten. Damit hat sie auch Einfluss auf die Resultate, die wir erzielen. Denn wir verhalten uns nicht entsprechend unseren tatsächlichen Stärken, sondern danach, welche Stärken wir zu haben oder nicht zu haben glauben.

Unsere Leistungen und Erfolge bauen keineswegs konsequent auf unseren Fähigkeiten und Talenten auf, sondern sie sind immer der Ausdruck dessen, was wir uns zutrauen.

Wenn wir glauben, etwas nicht zu begreifen oder nicht zu können, dann verhalten wir uns entsprechend dieser Überzeugung, ganz gleich, wie fähig wir tatsächlich sein mögen. Unsere Einstellung zu den eigenen Fähigkeiten entscheidet letztlich darüber, was wir im Leben erreichen. Die eigenen Stärken gut zu kennen und gezielt einzusetzen, ist also eine wichtige Voraussetzung für Erfolg im Beruf und Erfüllung im Privatleben.

ÜBUNG:
ÜBERZEUGUNGEN AUF DEM PRÜFSTAND

IN DER WELT unserer persönlichen Überzeugungen gibt es viele unhinterfragte Denkgewohnheiten, die wir für die »Wahrheit« halten. Schauen Sie sich einige davon einmal näher an:

❧ *Zwei Eigenschaften, die meines Erachtens typisch für mich sind:*

1. _____

2. _____

❧ *Zwei Dinge, die ich in Bezug auf meine Talente glaube:*

1. _____

2. _____

❧ *Etwas, das ich in Bezug auf meine Arbeit glaube:*

_____

❧ *Etwas, das ich in Bezug auf meine wichtigsten Beziehungen glaube:*

_____

Zwei Dinge, die ich hinsichtlich meiner Zukunft glaube:

1. _____

2. _____

BITTE ERST WEITERLESEN, WENN SIE DIE ÜBUNG BIS HIERHER DURCHGEFÜHRT HABEN!

Notieren Sie nun hinter jeder Überzeugung,

a) ob Sie sie als hilfreich (HR) oder hinderlich (HL) für die Gestaltung Ihres Lebens betrachten.

b) ob Sie sie bewusst gewählt haben (B) oder ob Sie sie von jemandem oder »irgendwoher« (I) übernommen haben.

Welche Schlüsse können Sie daraus ziehen? Welche der aufgelisteten Überzeugungen – bewusst gewählte ebenso wie übernommene – möchten Sie beibehalten, weil sie sich als nützlich und vorteilhaft für Ihr Leben erwiesen haben? Versehen Sie diese mit einem Häkchen. Gibt es hinderliche Überzeugungen, die Sie durch hilfreiche ersetzen möchten? Überlegen Sie: Wie könnte jeweils eine Alternative dazu aussehen, eine, die Ihnen ein Gefühl von Selbstvertrauen und Optimismus vermittelt? Schreiben Sie die neue Überzeugung in einer anderen Farbe daneben.

Wenn Ihnen künftig eine der alten, hinderlichen Überzeugungen in den Sinn kommt, dann ersetzen Sie diese im Geiste durch die neue, hilfreiche Überzeugung.

DAS FINDE
ICH SELBST
AN MIR
STARK

SIE HABEN
MEHR DRAUF
ALS SIE GLAUBEN

WARTEN SIE NICHT DARAUF, dass irgendwann durch einen Zufall Ihre verborgenen Schokoladenseiten offenbar werden – widmen Sie sich lieber gleich selbst deren Entdeckung und Entfaltung! Dann können Sie mit Ihren Pfunden wuchern, im Beruf genauso wie in Ihren Beziehungen und bei der Bewältigung alltäglicher Aufgaben.

SIE KÖNNEN AUF SICH BAUEN

Im weiteren Verlauf dieses Buches kommen auch die Ansichten anderer zur Sprache. Es geht dann beispielsweise um Menschen, die Ihre Vorbilder sind. Aber Ihr Selbstbild, das Sie jetzt erst einmal beschreiben, ist die Basis von allem anderen. Sie werden staunen, was Sie zutage fördern!

Die eigenen Stärken erkennen und würdigen – vielleicht ist das ungewohnt für Sie, und Sie haben bisher eher daran gearbeitet, echte beziehungsweise vermeintliche Schwächen zu überwinden. Oder Sie gehen davon aus, dass Lob für Ihre Vorzüge von Außenstehenden kommen sollte. Doch in diesem Kapitel geht es allein um Ihre subjektive Sicht. Darum, was Sie persönlich als Ihre Stärken erachten. Das mag noch nicht das vollständige Bild sein, aber es ist ein wesentlicher Teil davon.

Es geht um IHR BILD von sich selbst

Begeben Sie sich also auf eine innere Reise der Selbsterkundung. Machen Sie sich bewusst, mit welcher Fülle an persönlichen Stärken Sie ausgestattet sind. Lassen Sie Ihren Alltag vor Ihrem geistigen Auge ablaufen und auch einige ganz besondere Situationen. Denken Sie an die Bereiche, die in Ihrem Leben eine Rolle spielen, von der Familie und dem Beruf bis zu Ihren Freizeitbeschäftigungen.

> *»MAN KANN VIEL, WENN MAN SICH NUR RECHT VIEL ZUTRAUT.«* Wilhelm von Humboldt

Erfahrungsgemäß notieren wir zunächst das, was offensichtlich ist: Eine Künstlerin schreibt, dass sie kreativ ist, ein Buchhalter, dass er sorgfältig ist, usw.

Doch wenn wir uns von den Fragen über eine gewisse Zeit begleiten lassen, fallen uns auf den zweiten und dritten Blick noch ganz andere Vorzüge, Talente und Fähigkeiten ein als jene, deren wir uns ohnehin bewusst sind. Nehmen Sie sich also, wo immer Sie hingehen, Notizpapier mit, um das, was Sie neu an sich entdecken, sofort aufschreiben und später in dieses Buch übertragen zu können.

Das MAG ICH an mir

WIR ALLE VERFÜGEN über zahlreiche Vorzüge, Qualitäten und Begabungen. Ob wir uns allerdings derer immer bewusst sind?

Die Stichworte bei den Fragen sind als Anregung zu verstehen, aber letztlich geht es natürlich um Ihre ganz individuellen Eigenschaften, und da ist die Palette der Möglichkeiten weit größer. Finden Sie für jeden Bereich mindestens zehn Stichworte, die auf Sie persönlich zugeschnitten sind. Es dürfen natürlich gerne mehr sein.

WAS GEFÄLLT IHNEN AN IHREM AUSSEHEN?

Vielleicht Ihre Körperhaltung? Ihr ebenmäßiges Gesicht? Ihr kräftiges Haar? Ihr schön geschwungener Mund? Die Art, wie Sie lachen? Ihre Figur? Ihre Hände? Die Form Ihrer Augen? Ihre Grübchen?

WELCHE IHRER CHARAKTERZÜGE UND VERHALTENSWEISEN FINDEN SIE GUT?

Sind Sie besonders sorgfältig? Kreativ? Herzlich im Umgang mit anderen? Integer? Ehrlich? Humorvoll? Analytisch? Neugierig und wissensdurstig? Anpassungsfähig? Schnell? Genau? Fleißig? Diszipliniert? Ausdauernd? Ausgeglichen? Durchsetzungsstark? Zuverlässig?

WAS ZEICHNET SIE BESONDERS AUS?

Können Sie gut zuhören? Auf andere eingehen? Haben Sie ein klares
Urteilsvermögen? Bleiben Sie gelassen, wenn andere sich aufregen?
Verstehen Sie es, Ihren Gefühlen angemessen Ausdruck zu verleihen?
Mit Unvorhergesehenem souverän umzugehen? Flexibel zu reagieren?
Schnell Prioritäten zu setzen?

 *Das mag ich an meinem Aussehen:*

_____

_____

_____

 *Diese Charakterzüge und Verhaltensweisen schätze ich an mir:*

_____

_____

 *Das zeichnet mich besonders aus:*

_____

_____

_____

Das MACHE ich AUSGESPROCHEN GERNE

ZU MANCHEN TÄTIGKEITEN müssen wir uns mühsam aufraffen, auf andere hingegen freuen wir uns, ja manchmal dürsten wir regelrecht danach, aktiv zu werden. Wenn wir etwas mit solcher Freude machen, ist uns das Gelingen meist auch eine Herzensangelegenheit. Und: Wir sind Herr oder Herrin des Geschehens.

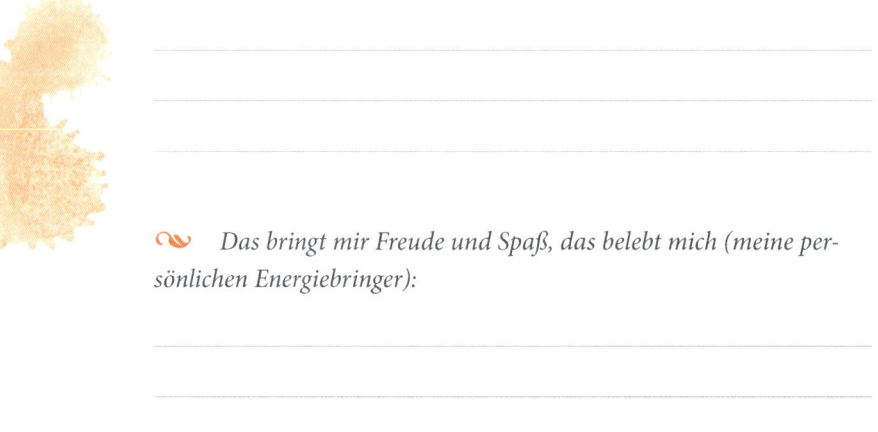

∾ *Aktivitäten, auf die ich fast immer Lust habe:*

∾ *Das bringt mir Freude und Spaß, das belebt mich (meine persönlichen Energiebringer):*

DAFÜR kann ich mich BEGEISTERN

WENN WIR UNS FÜR ETWAS BEGEISTERN, gehen wir ganz in unserem Erleben auf. Wir sind eins mit dem, was wir gerade erleben. Unser Fühlen, unser Wollen und unser Denken sind vollkommen im Einklang, ohne dass wir uns hinterfragen. Tun wir etwas mit Begeisterung, so ist es sehr wahrscheinlich, dass wir es gut bis sehr gut machen.

❧   *Das begeistert mich, da bin ich »ganz dabei«:*

_____

_____

_____

❧   *Hierin macht sich dieses Hochgefühl besonders deutlich bemerkbar:*

_____

_____

_____

Das geht mir GUT VON DER HAND

KENNTNISSE UND KÖNNEN sind meist die Voraussetzungen dafür, dass wir etwas wirklich gut machen. Denken Sie etwa an eine Fremdsprache, die Sie erlernt und dann in Ihrem Lieblingsreiseland oder im Beruf häufig eingesetzt und somit vertieft haben.

Manchmal legen wir auch eine echte Naturbegabung an den Tag, mitunter zu unserer eigenen Überraschung. Vielleicht mussten Sie zum Beispiel einmal eine große Familienfeier auf die Beine stellen und haben sich dabei als wahres Organisationstalent erwiesen. Wie auch immer, wenn wir etwas mit Leichtigkeit schaffen, stärkt uns das und gibt uns das Gefühl, etwas erreichen zu können.

❨ *Hier erlebe ich mich als kompetent und selbstbewusst:*

∾ *Das fällt mir besonders leicht:*

_____

_____

_____

_____

∾ *Ein wahres Naturtalent habe ich hierbei an den Tag gelegt:*

_____

_____

_____

_____

∾ *Von all den Dingen, die mir gut von der Hand gehen, mache ich das besonders gerne:*

_____

_____

_____

_____

Hier kann ich GROSSES (FACH-)WISSEN vorweisen

IM LAUFE UNSERES LEBENS haben wir viele Fertigkeiten erlernt und dabei auch Abschlüsse und Zertifikate erworben, die dokumentieren, über welche fachlichen Kenntnisse wir verfügen: Schulabschluss, Lehre oder Studium, Fortbildung(en), Zusatzausbildung(en).

Eventuell haben Sie auch auf anderen Wegen Kenntnisse gesammelt, etwa wenn Sie als Freiberuflerin alljährlich Ihre Steuererklärung selbst machen. Vergegenwärtigen Sie sich all das, was Sie im Laufe Ihres Lebens gelernt haben. Vergessen Sie dabei nicht das Wissen, das Sie in weiteren Bereichen erworben haben und das vielleicht momentan nicht benötigt wird, etwa wenn Sie ein Softwareprogramm beherrschen, das in Ihrem derzeitigen Job nicht gefragt ist.

Meine Abschlüsse, Qualifikationen und Kompetenzen:

KOMPETENZEN, die ich im Job erworben habe

DURCH DIE AUFGABENSTELLUNGEN in unserer Arbeit festigen wir unser Können, gewinnen an Routine und lernen gleichzeitig Neues dazu.

Überlegen Sie, welche Kompetenzen Sie im Verlauf Ihrer Berufstätigkeit entwickelt haben, einfach durch die Praxis. Denken Sie auch an die Aufgaben, für die Sie derzeit zuständig sind und für die Sie Verantwortung tragen. Vergleichen Sie dazu die Erfahrungen, Kenntnisse und Fähigkeiten, die Sie hatten, als Sie einen bestimmten Job angetreten haben, mit dem Stand, als Sie diesen Job beendeten bzw. – bei Ihrer aktuellen Tätigkeit – mit dem jetzigen Stand.

SIND SIE AM RICHTIGEN PLATZ?

Gewinnen Sie Klarheit darüber, ob Sie bei Ihrer täglichen Arbeit Ihre starken Seiten ausreichend einsetzen können. Widmen Sie sich überwiegend Aufgaben, die Sie aufgrund Ihrer beruflichen Kompetenzen gut im Griff haben? Deren Erledigung Ihnen viel Spaß macht? Durch die Sie viel Anerkennung bekommen? Je mehr Ihnen all das möglich ist, desto besser.

❧ *Diese Kompetenzen habe ich in früheren Jobs erworben:*

_____

_____

_____

_____

_____

_____

_____

_____

❧ *Und diese in meiner derzeitigen Tätigkeit:*

_____

_____

_____

_____

_____

_____

_____

_____

Meine Stärken in HOBBYS UND EHRENÄMTERN

SEI ES DER EINSATZ für soziale, ökologische oder andere Projekte, sei es die Leidenschaft für Fotografie, Malerei, Gesang oder Theater – manche unserer Stärken entfalten sich vor allem in Tätigkeiten, für die wir uns jenseits der Routine in Beruf und Privatleben erwärmen. Der persönliche Einsatz dafür ist uns eine Herzensangelegenheit.

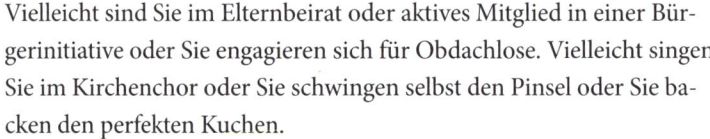

Vielleicht sind Sie im Elternbeirat oder aktives Mitglied in einer Bürgerinitiative oder Sie engagieren sich für Obdachlose. Vielleicht singen Sie im Kirchenchor oder Sie schwingen selbst den Pinsel oder Sie backen den perfekten Kuchen.

Wobei geht Ihnen das Herz auf? Bei welcher Tätigkeit können Sie vollkommen in den gegenwärtigen Moment eintauchen und alles andere um sich herum vergessen? Welche Ihrer starken Seiten kommen dabei besonders zum Tragen?

  *Art des ehrenamtlichen
Engagements:*

  *Stärken, die dabei zum
Tragen kommen:*

  *Meine persönlichen
Leidenschaften:*

  *Stärken, die dabei zum
Tragen kommen:*

Das berührt mich
TIEF IM INNEREN

ES KANN EIN MUSIKSTÜCK SEIN, ein Bild oder ein Symbol, vielleicht ist es ein bestimmtes Buch oder ein Film – irgendetwas gerät dadurch in Ihnen in Schwingung, Sie fühlen sich angenehm berührt, ohne dass Sie genau erklären könnten, weshalb.

Es lohnt sich, dem auf den Grund zu gehen und mehr Klarheit über das Phänomen zu gewinnen. Denn was so positive Gefühle in Ihnen auslöst, kann wertvolle Hinweise auf schlummernde Talente geben. Es ist die Intuition, die sich hier bemerkbar macht – und sie ist ein hervorragender Wegweiser zu Ihrem Potenzial. Schreiben Sie also nicht nur das auf, was Sie berührt, sondern auch noch Ihre Ideen, weshalb das so ist.

Das berührt mich in besonderer Weise, und mir fällt Folgendes dazu ein:

Darauf bin ich STOLZ

NORMALERWEISE sind wir es nicht gewohnt, eigene Erfolge zu beleuchten und uns zu fragen, was genau zu dem positiven Ergebnis beigetragen hat.

Manchmal nehmen wir einen Erfolg gar nicht richtig wahr, weil wir so sehr auf das fixiert sind, was noch besser hätte laufen können. Wir haben also vielleicht Stärken an den Tag gelegt, die wir zuvor gar nicht so recht als solche empfunden haben.

Wann in Ihrem Leben waren Sie so richtig stolz auf etwas, das Sie geschafft haben? Beschreiben Sie drei Situationen stichpunktartig. Denken Sie dabei nicht nur an berufliche Erfolge. Vielleicht haben Sie einmal einem Freund in einer verzweifelten Situation Trost zugesprochen und erreicht, dass er wieder auf die Beine kam. Auf welche Stärken konnten Sie in den drei Situationen bauen?

❧ Darauf bin ich besonders stolz:

1. _____

2. _____

3. _____

❧ Diese Talente und Fähigkeiten habe ich dafür eingesetzt:

Für 1. _____

_____

_____

_____

Für 2. _____

_____

_____

_____

Für 3. _____

_____

_____

_____

Diese STARKEN SEITEN zeige ich in BEZIEHUNGEN

»ZEIGE MIR DEINE FREUNDE, und ich sage dir, wer du bist.« Das wussten schon die alten Griechen. Freundschaften und Bekanntschaften entstehen nicht zufällig.

Es sagt viel über uns aus, wem wir unsere Sympathien schenken und mit wem wir unsere Zeit verbringen. Dabei legen wir oft Seiten unserer Persönlichkeit an den Tag, die wir im beruflichen Umfeld eher nicht zum Ausdruck bringen (können). Denken Sie an Ihre Partnerschaft, an Freundinnen und Freunde und an gute Bekannte. Welche positiven Charakterzüge kommen hier zum Tragen?

Meine besonders guten Beziehungen:

_____

_____

_____

_____

_____

_____

_____

Diese starken Seiten zeige ich hier:

_____

_____

_____

_____

_____

_____

_____

DAS FINDEN ANDERE AN MIR STARK

DAS HABEN SIE VIELLEICHT NOCH GAR NICHT BEMERKT

UNSER SELBSTBILD KANN sich mehr oder weniger deutlich von dem unterscheiden, wie andere uns wahrnehmen. So erkennen Menschen in Ihrem Umfeld an Ihnen möglicherweise positive Eigenschaften, von denen Sie bislang nichts ahnten oder die Sie ganz anders interpretiert haben.

Nur wir wissen, was wir denken und fühlen und kennen unsere Schwächen, wissen um unsere Fehlschläge und dunklen Punkte. Andere nehmen in erster Linie wahr, was wir nach außen zeigen – unser konkretes Verhalten – und ziehen Schlüsse daraus. Dass wir zum Beispiel einmal beim Reden vor Publikum am liebsten vor Scham im Boden versunken wären, ist Außenstehenden womöglich gar nicht klar.

»DER MENSCH IST IMMER MEHR, ALS ER VON SICH WEISS.« Karl Jaspers

Übrigens gibt es nicht *das* Fremdbild, das andere von uns haben – jeder hat eine subjektive Meinung. Eine gute Freundin wird wahrscheinlich ganz andere Dinge an Ihnen stark finden als ein Arbeitskollege. Ihr Chef wird Sie für andere Dinge loben als Ihr Tennispartner.

Sie können sehr viel mehr über sich und Ihre Stärken erfahren, wenn Sie sich Feedback von Menschen geben lassen, die Sie gut kennen und denen Sie vertrauen – im beruflichen wie im privaten Kontext.

LASSEN SIE SICH VON DIESEN MENSCHEN ETWAS ÜBER SICH ERZÄHLEN:

von Ihrem Partner, von zwei Mitgliedern Ihrer Familie, von zwei guten Freunden, von einer Kollegin oder einem Kollegen. Sie können natürlich noch andere mit einbeziehen. Sechs Menschen, die in unterschiedlicher Beziehung zu Ihnen stehen, sollten es mindestens sein.

SELBSTBILD und FREMDBILD

Auf den nächsten beiden Seiten finden Sie ein Formular, das sich gut dafür verwenden lässt, die eigene Einschätzung mit der Einschätzung anderer zu vergleichen (0 = Eigenschaft ist gar nicht vorhanden, 5 = sehr ausgeprägt). Kopieren Sie das Formular auf der rechten Seite für all diejenigen, deren Meinung Sie einholen wollen.

Das Formular links füllen Sie bitte selbst aus. Vergleichen Sie dann die Ergebnisse. Wenn es in einzelnen Punkten gravierende Unterschiede gibt – woran könnte das liegen? Ab Seite 50 können die Befragten dann ausführlicher zu denjenigen Ihrer Eigenschaften Stellung nehmen, die sie als besonders positiv bewertet haben (mit 4 oder 5).

SO SEHE ICH MICH SELBST:

Wie stark sind folgende persönliche Qualitäten ausgeprägt?

	0	1	2	3	4	5
tolerant						
mutig						
kreativ						
hilfsbereit						
zielstrebig						
freundlich						
optimistisch						
gewissenhaft						
sensibel						
belastbar						
ausdauernd						
lösungsorientiert						
humorvoll						
herzlich						
ausgeglichen						
beharrlich						
authentisch						
diplomatisch						
durchsetzungsstark						
fleißig						
flexibel						
entscheidungsfreudig						
hilfsbereit						
ideenreich						
intelligent						
intuitiv						
teamfähig						

NAME

Wie stark sind folgende persönliche Qualitäten ausgeprägt?

	0	1	2	3	4	5
tolerant						
mutig						
kreativ						
hilfsbereit						
zielstrebig						
freundlich						
optimistisch						
gewissenhaft						
sensibel						
belastbar						
ausdauernd						
lösungsorientiert						
humorvoll						
herzlich						
ausgeglichen						
beharrlich						
authentisch						
diplomatisch						
durchsetzungsstark						
fleißig						
flexibel						
entscheidungsfreudig						
hilfsbereit						
ideenreich						
intelligent						
intuitiv						
teamfähig						

Dafür SCHÄTZEN mich NAHESTEHENDE Menschen

VIELLEICHT LEBEN SIE in einer engen Partnerschaft. Dann ist Ihnen dieser Mensch, mit dem Sie Ihren Alltag teilen, näher als die meisten anderen.

In Tuchfühlung miteinander werden persönliche Eigenschaften und Qualitäten offenbar, die wir sonst eher selten zeigen und die uns vielleicht selbst überraschen.

Auch wenn Sie und Ihr Partner in der Beziehung eher Distanz wahren – Sie wohnen beispielsweise nicht zusammen, vielleicht sogar in verschiedenen Städten –, dann kommen doch auch hier Seiten Ihrer Persönlichkeit zum Vorschein wie sonst in kaum einer anderen zwischenmenschlichen Beziehung. Als Single können Sie einen anderen nahestehenden Menschen wählen, beispielsweise aus Ihrer Familie. Mit Familienmitgliedern verbinden uns gemeinsame Erinnerungen sowie Situationen, in denen sich jeder durch ganz bestimmte Fähigkeiten und Verhaltensweisen hervorgetan hat.

Lassen Sie sich von drei nahestehenden Menschen mehr über diejenigen Eigenschaften erzählen, die sie auf dem Formular von Seite 49 mit 4 oder 5 bewertet haben.

❧ *Das findet* _____ *an mir stark,*
und zwar mit folgender Begründung:

_____

_____

_____

_____

❧ *Das findet* _____ *an mir stark,*
und zwar mit folgender Begründung:

_____

_____

_____

_____

❧ *Das findet* _____ *an mir stark,*
und zwar mit folgender Begründung:

_____

_____

_____

Das finden meine ZWEI BESTEN FREUNDE toll an mir

UNSERE HERKUNFTSFAMILIE können wir uns nicht aussuchen, Freundinnen und Freunde hingegen schon. Und die Wahl ist sicher nicht zufällig. Mit ihnen verbinden uns auch andere Erlebnisse und Erfahrungen.

Durch die besondere Vertrautheit, die eine Freundschaft ausmacht, kennen diese Menschen vielleicht Seiten an uns, von denen sonst keiner etwas ahnt, möglicherweise nicht einmal unser Partner.

Sie haben einen sehr tiefen Einblick in unsere Persönlichkeit. Und sie werden gute Gründe haben, weshalb sie die Freundschaft mit uns pflegen – eben weil wir über bestimmte Eigenschaften verfügen, die sie an uns schätzen.

Lassen Sie sich von den Freundinnen beziehungsweise Freunden, die Sie befragt haben, mehr über diejenigen Eigenschaften erzählen, die sie auf dem Formular von Seite 49 mit 4 oder 5 bewertet haben.

◦ *Das findet* —————————————— *an mir stark,*
und zwar mit folgender Begründung:

_____

_____

_____

_____

_____

_____

_____

◦ *Das findet* —————————————— *an mir stark,*
und zwar mit folgender Begründung:

_____

_____

_____

_____

_____

_____

_____

Das kommt BEI MEINEN KOLLEGEN gut an

IN UNSEREM ARBEITSUMFELD entfalten wir oft ganz andere Qualitäten als im Privatleben. Wir sind im Kollegen-kreis gegenseitig aufeinander angewiesen, und da weiß man die Stärken des anderen in der Regel sehr zu schätzen.

Lassen Sie sich von den Kollegen, die Sie befragt haben, mehr über diejenigen Eigenschaften erzählen, die sie auf dem Formular von Seite 49 mit 4 oder 5 bewertet haben.

❧   *Das findet* _____ *an mir stark,*
und zwar mit folgender Begründung:

_____

_____

❧   *Das findet* _____ *an mir stark,*
und zwar mit folgender Begründung:

_____

_____

Das findet MEIN CHEF oder MEINE CHEFIN gut an mir

UNSERE VORGESETZTEN KÖNNEN oder wollen wir kaum so direkt nach ihrer Meinung zu uns fragen, geschweige denn ihnen einen Fragebogen unter die Nase halten.

Doch auch hier gibt es Möglichkeiten, um an die entsprechenden Informationen zu kommen. Denken Sie auch an frühere Arbeitsverhältnisse. Folgende Quellen können Ihnen weiterhelfen: Direktes Lob für eine gute Leistung. Arbeitszeugnisse, Zwischenzeugnisse, Mitarbeiterbeurteilungen beziehungsweise Jahresgespräche.

❧ *Das finden Vorgesetzte gut an mir:*

_____

_____

❧ *Das ist in Zeugnissen und Beurteilungen an Positivem über mich vermerkt:*

_____

_____

Dafür bekomme ich öfter
KOMPLIMENTE

DIE MEISTEN MENSCHEN sind für Komplimente empfänglich. Gesten der Wertschätzung verleihen alltäglichen Abläufen einen gewissen Glanz.

Wofür macht man Ihnen Komplimente? Denken Sie an alles, was Sie vorzuweisen haben: angefangen von Ihrem Aussehen und Ihren Umgangsformen bis hin zu besonderen Eigenschaften wie Hilfsbereitschaft oder der Fähigkeit, jemanden aufzubauen, wenn er gerade niedergeschlagen ist. Wofür bekommen Sie Lob? Zu welchen Themen oder Problemstellungen fragt man Sie um Rat?

Hinter dem, was anderen an Ihnen so gefällt, dass sie es Ihnen ganz ungefragt mitteilen, leuchten Stärken auf, die Sie bisher vielleicht noch nicht wirklich an sich gewürdigt haben. Und wo Sie um Rat gefragt werden, müssen Sie einfach gut sein – warum sollte der andere sich sonst an Sie wenden?

TIPP

Bringen auch Sie anderen gegenüber immer mal wieder ehrlich gemeinte anerkennende Worte zum Ausdruck. Es ist eine Stärke, anderen Menschen Respekt zu zollen für etwas, das sie gut können oder gut gemacht haben. Oder auch einfach nur deshalb, weil sie so sind, wie sie sind und Ihnen das gefällt.

Komplimente, die ich öfter höre ...

 ... über mein Erscheinungsbild oder bestimmte Aspekte meines Aussehens:

_____

_____

... über Dinge, die ich gesagt habe:

_____

_____

... über Dinge, die ich getan habe oder tue:

_____

_____

Hier fragt man mich öfter um Rat:

_____

_____

Das fände ich ALS AUSSENSTEHENDER an mir toll

IN DEN VORANGEHENDEN KAPITELN konnten Sie zunehmend Klarheit über Ihr eigenes Potenzial gewinnen. Nun sollen Sie noch einen Schritt weiter gehen: indem Sie sich quasi von außen betrachten und eine Bestandsaufnahme Ihrer Stärken vornehmen.

Blättern Sie die Aufzeichnungen durch, die Sie bisher in Ihr *Buch der Stärken* eingetragen haben, und lassen Sie Ihre Notizen auf sich wirken. Dann schlüpfen Sie in Gedanken in eine außenstehende Person mit ganz speziellem Blick für das, was an Ihnen bewundernswert ist: Ihre Fähigkeiten und Ihre Stärken. Schreiben Sie spontan und ungeniert los, lassen Sie Ihrer Wertschätzung freien Lauf!

∽ *Was* _____ *auszeichnet:*

ÜBUNG: HUT AB!

DER HUT steht für eine bestimmte Rolle, die wir im Alltag einnehmen. Jeder von uns »spielt« in seinem Leben mehr als eine Rolle, und seien es nur die unterschiedlichen Funktionen im Privatleben und im Beruf.

Jeder Hut bietet auch ganz eigene Möglichkeiten, verschiedene Aspekte unseres Potenzials einzubringen. Als Mutter sind wir anders gefordert denn als Abteilungsleiterin, als Freizeitfußballer sind andere Fähigkeiten gefragt als beim Engagement in einer Bürgerinitiative.

1 Erstellen Sie auf einem Notizzettel eine Übersicht mit fünf Spalten. In Spalte 1 (links) kommen untereinander Ihre typischen Hüte, wie viele auch immer. Nun notieren Sie neben jedem Hut
- in Spalte 2 die persönlichen Stärken, die Sie dabei einbringen.
- in Spalte 3, ob Sie sich für diese Rolle entschieden haben oder Ihnen der Hut von anderen aufgesetzt wurde. Unterstreichen Sie die Hüte, die Sie selbst gewählt haben, mit blauer Farbe.
- in Spalte 4, wie wohl Sie sich auf einer Skala von 1 bis 10 (1 = sehr unwohl, 10 = super) für gewöhnlich mit diesem Hut fühlen.
- in Spalte 5, welche dieser Rollen und Hüte für Sie – aus welchem Grund auch immer – völlig unverzichtbar sind. Unterstreichen Sie diese mit roter Farbe.

2 An den rot unterstrichenen Hüten wird nicht gerüttelt, jedenfalls nicht zum jetzigen Zeitpunkt. Betrachten Sie bei den anderen jeweils Ihre Einschätzungen in Spalte 2 und 4 und fragen Sie sich,

- welcher von den Stärken Sie mehr Raum geben können
- was Sie tun können, um sich in dieser Rolle (noch) wohler zu fühlen.

3 Widmen Sie Ihre Aufmerksamkeit dann den (ausschließlich) blau unterstrichenen Hüten und betrachten Sie dazu wieder Ihre Einschätzungen in Spalte 4. Zu all jenen blauen Hüten, die auf Ihrer persönlichen Skala einen Wohlfühlfaktor unterhalb von 5 haben, sollten Sie Tschüss sagen. Sie rauben nur Zeit und Energie.

4 Und nun werfen Sie einen Blick auf die Hüte, die nicht blau unterstrichen sind (und natürlich auch nicht rot). Sie wurden Ihnen von anderen aufgesetzt. Viele Menschen übernehmen aus purem Pflichtgefühl Rollen, die nichts mit ihren persönlichen Stärken zu tun haben und ihnen auch wenig Freude machen. Bitte bedenken Sie: Von den rot unterstrichenen Hüten einmal abgesehen, können Sie Ihre Zeit so verbringen, wie es Ihnen am meisten Erfüllung bringt. Legen Sie also den einen oder anderen »alten Hut« bewusst ab – zumal wenn der Wohlfühlfaktor unter 5 ist.

5 Notieren Sie, welche Hüte Sie absetzen wollen, und nehmen Sie sich einen nach dem anderen vor.

- Wenn es sich um Dinge handelt, die erledigt werden müssen: Wer kann die Aufgaben statt Ihrer künftig übernehmen? Fragen Sie nach! Nennen Sie ein Datum, ab dem Sie nicht mehr zur Verfügung stehen.
- Wenn sich niemand findet: Rechtfertigt das, dass Sie weiterhin Zeit und Energie für Dinge aufwenden, die kein anderer machen will?

DIE QUELLEN MEINER STÄRKEN

EINE REISE
IN DIE VERGANGENHEIT

IN BIOGRAFIEN BERÜHMTER Persönlichkeiten findet man häufig das Phänomen, dass jemand schon sehr früh an etwas Gefallen gefunden hat, was in seinem späteren Leben eine große Bedeutung gewinnen sollte: eine ganz spezielle Begabung.

Nicht wenige von diesen Menschen haben ihre Stärken und Vorlieben zunächst nicht weiterverfolgt – oder das Leben hat sie einfach vor Herausforderungen gestellt, die andere Qualitäten von ihnen forderten. Erst später haben sie an das angeknüpft, was sich bereits so früh bemerkbar gemacht hat.

Von Menschen, die in ihrem Leben etwas bewegt haben, die Ungewöhnliches erreicht oder geschaffen haben, weiß man, dass sie einige wenige Dinge exzellent beherrschen. Sie sind nicht dafür bekannt, dass sie auf allen möglichen Gebieten »nicht schlecht« sind. Sie haben sich früher oder später auf ihre Stärken konzentriert, statt sich im Kampf gegen ihre Schwächen abzumühen.

Was im Leben einmal zu solcher Blüte gelangen soll, zeigt sich andeutungsweise häufig schon im Kindesalter. Eltern stellen immer wieder fest, dass ihr Kind nicht als unbeschriebenes Blatt auf die Welt gekommen ist. Was Förderung erfährt, hat die Chance zu erblühen. Was keine Möglichkeit hat, sich zu entwickeln, dümpelt dahin.

Viele Eltern glauben, dass Fähigkeiten, über die sie selbst nicht verfügen, auch bei ihren Kindern nicht vorhanden sind. »In unserer Familie kann keiner malen«, »Ich konnte das schließlich auch nicht«, »Wir sind alle unmusikalisch« – weit gefehlt. Schließlich überspringen Talente auch mal einige Generationen, und Kinder entwickeln durchaus Begabungen in Bereichen, mit denen ihre Eltern gar nichts anfangen konnten. Oder vielleicht hatten die Eltern ja ebenfalls Talent, doch es wurde nie gefördert und konnte sich nicht entwickeln. Es kann also vieles in Ihnen stecken, was noch nicht herausgelockt wurde.

Als Kinder haben wir zuerst unsere unmittelbare Umgebung erkundet. Mit den Dingen, die uns faszinierten, haben wir uns intensiv beschäftigt, wir konnten vollkommen in den gegenwärtigen Moment eintauchen, während wir an dem, was wir nicht spannend fanden oder was uns schwerfiel, bald das Interesse verloren.

Wer etwas wirklich gern tut, der tut es oft, und wer etwas oft tut, hat auch die Chance, richtig gut darin zu werden.

Natürlich mussten wir später im Leben viele Dinge lernen und Aufgaben ausführen, die uns wenig oder gar nicht lagen. Kaum jemand kann sich ausschließlich dem widmen, was ihm Spaß macht. Und auch hierbei haben wir wertvolle Fertigkeiten erworben, die uns in mancherlei Hinsicht nützlich sind.

DAS GLÜCK AUS UNSEREN KINDERTAGEN ...

Unsere Lebenszufriedenheit erhöht sich enorm, wenn wir Talente und Fähigkeiten neu für uns entdecken, die uns schon in der Kindheit Spaß gemacht haben und die lange Zeit ungenutzt in uns schlummerten.

Schöne ERLEBNISSE aus meiner Kindheit

WAS WIR ALS KINDER ERLEBEN, das erleben wir wie unter einem riesigen Vergrößerungsglas, denn es hat, mit Kinderaugen gesehen, eine immense Bedeutung für uns. Später im Leben können ähnliche Momente wieder auftauchen, die uns an jene Zeit erinnern.

Damals entstanden die ersten Prägungen, wir verbanden Erlebtes mit Lust oder Angst, entwickelten Vorlieben ebenso wie Abneigungen. Woran erinnern Sie sich gerne zurück? Vielleicht an eine bestimmte Familienfeier, an einen Ausflug oder einen besonderen Urlaub? Eine Begegnung, die Sie beglückt hat? Ein Buch, mit dem Sie sich an einen geheimen Ort zurückgezogen haben? Ein Haustier, mit dem Sie oft gespielt haben? Kramen Sie in der Schatzkiste Ihrer angenehmen Erinnerungen. Welche Erinnerung lässt Sie innerlich erstrahlen?

»ES GIBT NICHTS, WAS MAN EINEM MENSCHEN BEIBRINGEN KANN. MAN KANN IHM NUR HELFEN, ES IN SICH SELBST ZU FINDEN.« Galileo Galilei

Kindheitserlebnisse, an die ich mich besonders gerne erinnere:

Meine Lieblingsbeschäftigungen
ALS KIND

IN IHREN KINDERSPIELEN, Ihren Fantasien und Aktivitäten und ebenso in Ihrer Geschicklichkeit erkennen Sie starke Seiten wieder, die Sie vielleicht mit den Jahren aus dem Blickfeld verloren haben.

Bilder und Fotos lassen Erinnerungen aufsteigen. Betrachten Sie Alben von früher – speziell aus der Zeit, als Sie zwischen zwei und zehn Jahre alt waren, und die Sie beim Spielen, Basteln oder bei anderen Aktivitäten zeigen. All das hilft Ihnen, sich Situationen von damals wieder ins Gedächtnis zu rufen. Sehen Sie sich Handarbeiten, selbst gemalte Bilder und selbst gebastelte Geschenke von früher an – sie werden Ihnen ganze Geschichten erzählen. Fragen Sie auch Ihre Eltern und Geschwister danach, womit Sie sich oft und gern beschäftigt haben.

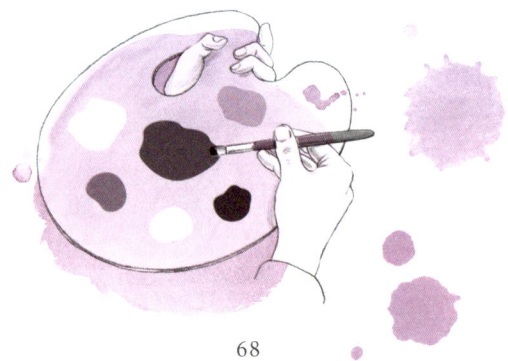

∾ *Diese Tätigkeiten haben mir als Kind besonders viel Spaß gemacht:*

_____

_____

_____

_____

_____

∾ *Das konnte ich stundenlang machen:*

_____

_____

_____

_____

_____

∾ *Darin war ich sehr geschickt:*

_____

_____

_____

_____

_____

Die Themen meiner WÜN-SCHE UND TAGTRÄUME

ALS KINDER erschufen wir uns fantastische Welten. Wir erfanden Figuren und dachten uns Geschichten aus. Die Fantasien als Spiegel unserer Sehnsüchte können uns heute ein Wegweiser zu unseren Stärken sein.

🌙 *Das habe ich mir als Kind häufig vorgestellt:*

_____

_____

🌙 *Märchengestalten, Comicfiguren oder Held(inn)en aus Büchern und Filmen, mit denen ich mich identifiziert habe:*

_____

_____

🌙 *So wollte ich damals selbst gerne sein:*

_____

_____

Meine LIEBLINGSFÄCHER in der Schule

SCHON IM KINDERGARTEN und in der Grundschule entfalten Kinder Talente, seien es rechnerische, sprachliche, musikalische oder künstlerische Begabungen, seien es herausragende Lese- und Gedächtnisleistungen, seien es sportliche Fähigkeiten oder handwerkliches Geschick.

❧ *Fächer, die ich in der Schule sehr gerne mochte:*

_____

_____

❧ *Besondere Talente, die ich früh entfalten konnte:*

_____

_____

❧ *Dafür bekam ich gute Noten beziehungsweise besonderes Lob:*

_____

_____

Meine frühesten ERFOLGS-ERLEBNISSE

SCHON WENN EIN KIND die ersten Schritte macht und dafür Beifall und Anerkennung erntet, ist dies ein Erfolgserlebnis. Oder wenn es immer mehr Bauklötzchen aufeinanderschichten kann, ohne dass der Turm umfällt. Und es wird eines deutlich: Erfolg setzt aktives Handeln voraus.

❧ *Die ersten Erfolgserlebnisse, an die ich mich erinnern kann, und die Gefühle, die sie in mir ausgelöst haben:*

1. _____

_____

_____

2. _____

_____

_____

3. _____

_____

_____

∽ *So haben sich diese Erfolge auf mein Selbstbewusstsein*
ausgewirkt:

_____

_____

_____

_____

_____

_____

Sofern es für ein bestimmtes Erfolgserlebnis eines besonderen Talents
bedurfte:

∽ *So konnte ich mein Talent* _____
auch in späteren Jahren erfolgreich einsetzen beziehungsweise dort ist
es mir immer noch von Nutzen:

_____

_____

_____

_____

_____

_____

Meine Zukunftsträume in
JUNGEN JAHREN

ALS KINDER WUSSTEN WIR GENAU, was wir einmal werden wollten! Astronautin, Polizist, Primaballerina, Ritter, Rechtsanwältin, Tierarzt, Töpferin …

Im Lauf der Zeit wandelten sich unsere Vorstellungen immer wieder. Doch die frühen Träume enthalten wertvolle Botschaften, denn dahinter liegen individuelle Neigungen und Stärken.

☙   *Das wollte ich als Kind gerne werden:*

_____

_____

_____

_____

_____

☙   *Neigungen und Stärken, die sich dahinter verbergen könnten:*

_____

_____

_____

_____

☙   *Aspekte meiner Berufswünsche, um die es mir in erster Linie ging:*

_____

_____

_____

_____

_____

Die Vorstellungen
MEINER ELTERN

ALLE ELTERN HABEN BESTIMMTE WÜNSCHE, wie ihre Kinder sich entwickeln sollen.

Oft hegen Eltern auch – bewusst oder unbewusst – die Erwartung, dass die Kinder in ihre Fußstapfen treten und damit einen ähnlichen Lebensentwurf anstreben. Oder, wenn sie selbst ihre Ziele nicht erreicht haben, dass die Kinder »es einmal besser haben sollen«.

∾   *Das wünschte sich meine Mutter für mein Leben:*

_____

_____

_____

∾   *Das wünschte sich mein Vater für mein Leben:*

_____

_____

_____

୶   *Darin wurde ich von meiner Mutter gefördert:*

୶   *Darin wurde ich von meinem Vater gefördert:*

୶   *Darin wurde ich von meiner Mutter bestärkt:*

୶   *Darin wurde ich von meinem Vater bestärkt:*

WICHTIGE ANREGUNGEN
von Freunden und Mitschülern

OB KINDERGARTEN ODER SCHULE, Sportverein oder
Tanzclub – wir haben uns mit Gleichgesinnten zusammen-
geschlossen, Freunde gefunden und gelernt, wie man einen
Platz in einer Gruppe von Gleichaltrigen findet.

Im Kontakt mit anderen Kindern konnten wir von früh auf vielfältige
Fähigkeiten, Einstellungen und Kenntnisse erwerben, beispielsweise
auch, wie man es hinbekommt, dazuzugehören und trotzdem eine eigene Identität zu entfalten.

∾ *Das habe ich als Kind mit Gleichaltrigen gespielt und
unternommen:*

_____

_____

∾ *Das habe ich im Kontakt zu Mitschülern und Freunden gelernt:*

_____

_____

POSITIVE LEBENSLEHREN
von anderen wichtigen Personen

MENSCHEN, DIE UNS DABEI UNTERSTÜTZEN, unsere Gaben zum Erblühen zu bringen, waren und sind für unsere Entwicklung ganz wesentlich.

Das kann ein Lehrer gewesen sein, eine Therapeutin, ein Seelsorger, eine wohlwollende Nachbarin oder ein Freund der Familie. Jemand, der Sie ermutigt und gefördert hat, der Ihnen Antworten auf Ihre Fragen gegeben hat und bei dem Sie Rat und Hilfe und viel Ermutigung erhielten. Gab es in Ihrer Kindheit oder Jugend einen solchen Mentor?

Von diesen Menschen habe ich viel gelernt beziehungsweise wurde ich gefördert:

_____

Diese Talente und Fähigkeiten konnte ich durch den Kontakt zu den genannten Menschen erst richtig entfalten:

_____

_____

Wenn mein »INNERER COACH« aktiv wird

WENN SIE SICH SELBST wohlwollend begleiten, hilft Ihnen das enorm, Ihr Potenzial zur Blüte zu bringen. Blättern Sie noch einmal die vorangehenden Seiten durch. Bei Ihrer »Reise in die Vergangenheit« konnten Sie sicher einige Quellen Ihrer Stärken entdecken. Aus diesen Quellen schöpft auch Ihr »innerer Coach«.

Bei den meisten von uns ist die Stimme des »inneren Kritikers« unüberhörbar. Setzen Sie dem Ihren »inneren Coach« entgegen! Er konzentriert sich auf Ihre Stärken, fördert und ermutigt Sie, vor allem ist er ein Meister im Lösen von Problemen. Sollten Sie sich damit schwertun, diese Stimme zu vernehmen, können Sie sich zunächst fragen, was ein Mentor – sofern Sie einen in Ihrem Leben haben oder hatten (Seite 79) – sagen würde oder auch jemand, der für Sie eine Vorbildfunktion hat (ab Seite 88).

WER HAT DAS SAGEN?

Lassen Sie es in Zukunft nicht mehr zu, dass der innere Kritiker die Oberhand gewinnt. Lassen Sie vielmehr Ihren inneren Coach zu Wort kommen und betrachten Sie ihn als wichtigen und ermutigenden Begleiter auf Ihrem Weg.

✣ *Mein innerer Coach zeichnet sich dadurch aus:*

_____

_____

✣ *Wenn ich mich wieder auf meine Schwächen statt auf meine Stärken konzentriere, sagt er zu mir:*

_____

_____

✣ *Bei einem kniffligen Problem empfiehlt er mir:*

_____

_____

✣ *Einen Erfolg kommentiert er so:*

_____

_____

✣ *Und einen Misserfolg so:*

_____

DIE STÄRKEN ANDERER

SO ERKENNEN SIE IHRE SCHLUMMERNDEN TALENTE

KLEINKINDER ORIENTIEREN SICH an Vorbildern – beim Entdecken eigener Stärken und Talente spielen sie eine maßgebliche Rolle (Seite 78). Vorbilder bleiben für uns im Verlauf des ganzen weiteren Lebens wichtig.

Als Teenager geraten wir in schwärmerische Verzückung, wenn wir nur an unsere Idole denken – wir wollen so werden wie sie, zumindest in Ansätzen. Sie sind unsere Leitbilder auf dem Weg zur eigenen Identität. Und auch wenn wir nie Olympiagold erringen werden, so hat der oder die Betreffende doch ein Feuer in uns entzündet und uns vielleicht sogar dazu inspiriert, uns für etwas einzusetzen.

TIPP

Wir können nicht nur vom Wissen und Können herausragender Persönlichkeiten lernen, sondern auch aus ihren Fehlern, ihrem Versagen und ihrem Scheitern.

Auch als Erwachsene zollen wir Menschen, die wir bewundern, insgeheim oder auch unverhohlen Respekt. Das kann uns zu eigenen großen Taten anspornen, doch oft fühlen sich Menschen durch solche Vergleiche eher verunsichert und das Bewundern einer herausragenden Persönlichkeit hemmt sie letztlich. Aber egal, wie wir damit umgehen – gar nicht selten sagt die Wahl unseres Vorbilds auch etwas über eigene Fähigkeiten aus, mögen sie noch so tief verschüttet und vollkommen unentwickelt sein!

Unsere Vorbilder sind häufig Menschen, die ähnliche Ideen haben wie wir und diese konsequent in ihrem Leben umgesetzt haben. Ihre Erfahrungen und Fertigkeiten, ihr Wissen und ihre Umsetzungsstrategien können uns nützlich dabei sein, unser eigenes Potenzial zu entwickeln und ihm Ausdruck zu verleihen. Wir eignen uns die Qualitäten eines Vorbilds an, um daraus zusammen mit dem, was wir selbst an Stärken mitbringen, etwas Neues, Eigenes zu machen.

Wenn wir uns mit den Begabungen, Fähigkeiten und Verhaltensweisen beschäftigen, die wir an anderen bewundern, so dient dies im Rahmen dieses Buches letztlich dem Ziel, über uns selbst zu reflektieren: Warum genau finden wir eine bestimmte Qualität so faszinierend? Was sagt das über das eigene Potenzial aus?

Durch die Wahrnehmung dessen, was wir an anderen bewundern, können wir das, was in uns schlummert, wach kitzeln und ausbilden.

> »DER LEHRER STREBE NUR, SICH SELBER ZU ENTFALTEN, DER SCHÜLER LERNE NUR, SEIN EIGNES ZU GESTALTEN.« Friedrich Rückert

Und nicht zuletzt können uns Vorbilder dazu motivieren, Probleme als überwindbar anzusehen, uns also mehr zuzutrauen. »Der konnte das auch – weshalb sollte ich es nicht schaffen?!«

MEINE VORBILDER im frühen Erwachsenenalter

NACH DEM ABSCHLUSS UNSERER AUSBILDUNG hatten wir bestimmte Vorstellungen davon, was wir gerne in unserem Leben verwirklichen wollten.

Einiges davon haben wir erreicht, anderes verworfen – oder wir sind ganz andere Wege gegangen. Vorbilder spielten dabei meist eine wesentliche Rolle.

Lassen Sie Ihr Leben Revue passieren und denken Sie an die Zeit zurück, als Sie dabei waren, flügge zu werden und sich auf eigene Füße zu stellen. Wählen Sie zwei der in dieser Zeit für Sie bedeutungsvollen Menschen aus – egal, ob es prominente Persönlichkeiten waren oder Menschen aus Ihrem direkten Umfeld.

∾ *Meine zwei Hauptvorbilder in der Zeit, als ich mich auf eigene Füße stellte, und die Beziehung, in der ich zu ihnen stand:*

1. _____

_____

2. _____

_____

∾ *Das Besondere an diesen Menschen war:*

1. _____

_____

2. _____

_____

∾ *Diese Veränderungen haben die beiden Menschen bei mir initiiert:*

1. _____

_____

2. _____

_____

Wen ich heute IM PRIVATEN UMFELD besonders schätze

ES SAGT EINE MENGE über unsere Sehnsüchte und Wünsche aus, wem wir unsere Wertschätzung entgegenbringen. Deswegen lohnt es sich, genauer hinzusehen, warum wir bestimmte Personen bewundern und es ihnen nachtun wollen.

∾ *Diese Menschen in meinem Umfeld finde ich toll:*

_____

_____

∾ *Konkret haben es mir folgende Wesenszüge und Fähigkeiten angetan:*

_____

_____

∾ *Ihre von mir bewunderten starken Seiten haben diese Menschen so entwickelt:*

_____

_____

KOLLEGEN, die durch BESON-DERE LEISTUNGEN glänzen

MENSCHEN IM BERUFSUMFELD, die uns Vorbilder sind, können uns anspornen, die eigenen Talente zielgerichteter einzusetzen. Sie zeigen uns, dass vieles möglich ist, wenn wir uns neuen Herausforderungen stellen.

Kolleginnen und Kollegen, die herausragende Leistungen erbringen:

_____

_____

So sehen deren Fähigkeiten und Einsatz genau aus:

_____

_____

Davon hätte ich Folgendes auch gern:

_____

_____

BEKANNTE PERSÖNLICH-KEITEN, die ich sehr schätze

VON ALL DEN BERÜHMTEN MENSCHEN, die über herausragende Talente verfügen und Außergewöhnliches leisten, bringen manche in besonderer Weise Saiten in uns zum Klingen, selbst wenn wir ihnen niemals persönlich begegnet sind.

✍ *Drei berühmte Persönlichkeiten und die Stärken, die ich besonders an ihnen bewundere:*

1.
2.
3.

✍ *Diese Fähigkeiten könnten auch in mir schlummern:*

1.
2.
3.

Menschen, die ich BENEIDE

HAND AUFS HERZ: In Bewunderung mischt sich manchmal auch Neid. Neid gehört zu den Emotionen, die wir uns meistens besonders ungern eingestehen.

Doch Hinschauen lohnt sich: Wenn Sie die hinter dem Neid steckenden Bedürfnisse erkennen, können Sie überlegen, wie Sie Ihre Stärken zielgerichtet für das einsetzen, was Sie sich wünschen.

∾ *Jemand, den ich (ab und zu) beneide:*

_____

∾ *Und zwar um das:*

_____

_____

∾ *Das hat diese Person dafür getan, diese Stärken kamen zum Einsatz:*

_____

_____

SCHNITTSTELLEN zwischen meinen Vorbildern und mir

WENN WIR UNS von den Vorzügen anderer angezogen fühlen, weist dies oft auf verborgene Talente und Fähigkeiten in uns hin, die bislang noch keine Gelegenheit hatten, sich zu entfalten. Möglicherweise haben wir unsere Stärken noch nicht konsequent und zielgerichtet eingesetzt.

Betrachten Sie noch einmal Ihre Aufzeichnungen in diesem Kapitel. Sie enthalten viele Hinweise darauf, was Ihnen imponiert und wo es Sie hinzieht. Wie haben Ihre Vorbilder das gemacht? Was davon ist deren Talent zu verdanken, welchen Anteil haben Übung und Ausdauer? Welche Entscheidungen haben Ihre Vorbilder getroffen, die sie vorangebracht haben? Worauf haben sie dafür verzichtet?
Und nun zu Ihnen: Wie weit sind die Qualitäten, die Sie bei anderen bewundern, in Ihnen entwickelt? Woran können Sie sie in sich entdecken? Was können Sie tun, um sie zur Entfaltung zu bringen?

Qualitäten, die ich an meinen Vorbildern am meisten bewundere:

1.
2.
3.
4.
5.

Wie haben meine Vorbilder diese Qualitäten entwickelt?

1.
2.
3.
4.
5.

Wie kann ich diese Stärken in mir wecken oder ausbauen?

1.
2.
3.
4.
5.

ÜBUNG: IN DEN MOKASSINS EINES VORBILDS

EIN INDIANISCHES SPRICHWORT RÄT, man solle nicht über einen anderen Menschen urteilen, ehe man nicht eine Weile in seinen Mokassins gegangen sei.

WAS HÄNSCHEN KONNTE, KANN HANS ALLEMAL!

Schon als Kinder sind wir in verschiedene Rollen geschlüpft – waren Ritter, Prinzessinnen, Zauberer, Pippi Langstrumpf oder Superman. Das hat Spaß gemacht. Und auch ganz reale Fähigkeiten in uns angeregt. Im Erwachsenenalter funktioniert das genauso. Indem wir eine gedachte Rolle übernehmen, lernen wir immer auch etwas für uns selbst und können Stärken (weiter-)entwickeln.

Wenn wir beispielsweise von Problemen anderer hören, haben wir ja oft sehr schnell eine Lösung parat – ohne wirklich zu wissen, wie es dem Betreffenden in der fraglichen Situation geht. Nicht nur in solchen Situationen sollten wir »in die Mokassins« von jemandem schlüpfen. Auch in anderen Situationen unseres Alltags ist es sinnvoll, das zu tun, etwa wenn es darum geht, neue Perspektiven und Handlungsmöglichkeiten zu erkunden.

Denken Sie an eine Person, die ein Vorbild für Sie war oder ist, und vergegenwärtigen Sie sich, was Sie an dieser Person besonders mögen und schätzen. Stellen Sie sich vor, wie es wäre, wenn Sie über deren Stärken und Fähigkeiten verfügten. Versetzen Sie sich, so weit es Ihnen möglich ist, in diesen Menschen hinein.

- Wie würden Sie sich fühlen?
- Welche Körperhaltung nähmen Sie ein?
- Wie würden Sie sich im Raum bewegen?
- Was würden Sie denken?
- Womit würden Sie sich beschäftigen?
- Was würden Sie nicht tun?

Malen Sie sich aus, wie Sie atmen, wie Sie sich bewegen, welche Stimmung sich in Ihrem Gesicht spiegelt. Gehen Sie ganz in die Rolle der bewunderten Person hinein. Wie fühlt sich das an? Welche Impulse steigen in Ihnen auf? Welche Gefühle? Welche Ideen? Was genau ist jetzt anders als sonst?

Nach einer halben Stunde beenden Sie die Übung. Wenn Sie mögen, bedanken Sie sich innerlich bei Ihrem Vorbild. Überlegen Sie, was von dieser »anderen« Art zu denken, zu fühlen und zu handeln Sie für sich selbst übernehmen möchten. Sie werden dadurch nicht zur Kopie der bewunderten Person, sondern gucken sich etwas ab, dem Sie dann Ihren eigenen, individuellen Ausdruck verleihen können.

Fragen Sie sich auch bei unterschiedlichen Herausforderungen: Was würde mein Vorbild in dieser Situation tun? Und dann: Was ist jetzt notwendig, um ebenso handeln zu können? Was brauche ich dazu? Dies lenkt Ihren Blick auf mögliche Lösungen.

STARKER UMGANG MIT KRISEN

WIE SIE ÜBER SICH HINAUSWACHSEN

ETLICHE STÄRKEN TRETEN ERST ZUTAGE, wenn wir bis aufs Äußerste herausgefordert werden. So gesehen können Krisen oder Schicksalsschläge ein Segen sein, auch wenn wir uns zuerst überfordert fühlen.

Sind wir aber zum Handeln gezwungen, dann zeigen sich auf einmal ungeahnte Fähigkeiten, von denen wir womöglich selbst bislang gar nicht wussten, dass wir über sie verfügen. Freiwillig hätten wir uns aber sicher niemals in eine solche Lage begeben!

Bleiben wir hingegen angesichts von Schwierigkeiten darauf fokussiert, wie schlimm das alles ist und was wir womöglich selbst dazu beigetragen haben – der innere Kritiker lässt grüßen –, dann berauben wir uns der Möglichkeit, über uns selbst hinauszuwachsen. Denn schließlich gilt:

- Im Nachhinein ist man immer klüger! Wenn wir damals schon gewusst hätten, was wir heute wissen, hätten wir wahrscheinlich anders gehandelt. Punkt. Aber wir wussten es damals eben nicht. Rom wurde auch nicht an einem Tag erbaut.

> »DIE KUNST IST, EINMAL MEHR AUFZUSTEHEN, ALS MAN UMGEWORFEN WIRD.« Winston Churchill

- Um das, was geschehen ist, zu bewältigen, bedurfte es bestimmter Eigenschaften, Fähigkeiten und Strategien – und die sollten wir nicht gering schätzen.
- Wir haben aus dem Geschehenen etwas gelernt. Zu unseren Stärken sind weitere hinzugekommen, die uns in der Zukunft mit Sicherheit dienlich sein werden.

Auf den folgenden Seiten können Sie Krisen, die Sie bisher durchgemacht haben, unter diesen Gesichtspunkten betrachten. Und Sie werden dabei so manches Aha-Erlebnis haben. Garantiert.

EIN BUNTER STRAUSS AN HILFREICHEN FÄHIGKEITEN

Ein Zauberwort macht die Runde: Resilienz. Es bezeichnet die Kunst, im Leben optimal zu bestehen. Krankheiten und Krisen, unvorhergesehene Wendungen, das Scheitern bei der Verwirklichung von Lebenszielen: Wenn bei jemandem die Resilienz ausgeprägt ist, gibt er nicht auf.

Resilienz ist keine einzelne Eigenschaft. Vielmehr wirken hier verschiedene Qualitäten zusammen, etwa die Fähigkeit, Geschehenes innerlich zu akzeptieren, eine optimistische Lebenseinstellung, die stete Konzentration auf Lösungen sowie die Achtsamkeit gegenüber sich selbst und den eigenen Grenzen.

Mit dieser Einstellung sieht man die Dinge so: Hindernisse sind zum Überwinden da, Probleme sind zum Lösen da und Hinfallen bedeutet, dass ich aufstehe und einen neuen Versuch starte.

Meine bisherigen KRISEN und die PERLEN DARIN

WERFEN SIE EINEN BLICK auf Ihre Vergangenheit, und zwar vor allem auf schwierige Situationen, Fehlentscheidungen, traurige Zeiten usw. Haben Sie das Gefühl, das alles hafte wie ein Makel an Ihnen? Sehen Sie sich dadurch in Ihren Handlungsmöglichkeiten einschränkt?

Verändern Sie radikal die Perspektive und finden Sie in jedem schlimmen Ereignis die Perle: Betrachten Sie jedes bedeutsame negative Ereignis der Vergangenheit als Stufe auf der Treppe, die Sie zu keinem geringeren Menschen führt als ... zu Ihnen selbst, und zwar im Vollbesitz all Ihrer Stärken. Denn durch jede Situation, in der wir trotz Angst, Trauer, Zorn, trotz innerer und äußerer Widerstände lösungsorientiert handeln, wachsen wir innerlich. Das ist die Perle.
Welche schwierigen Situationen haben Sie in Ihrem Leben gemeistert? Denken Sie nach. Manches mag Ihnen erst rückwirkend als Erfolg erscheinen. Schreiben Sie auf einen Zettel in Stichworten alle Beispiele, die Ihnen einfallen. Nehmen Sie Ihre Notizen nach drei Tagen noch einmal zur Hand und ergänzen Sie sie um weitere Fälle.
Wählen Sie dann die fünf aus, die für Ihr weiteres Leben am bedeutendsten waren, und tragen Sie diese jeweils mit der Perle hier ein.

～ Fünf schwierige Situationen in meinem Leben, die ich bewältigt habe – und die Perlen darin, die mich gestärkt haben:

1. _____

_____

_____

2. _____

_____

_____

3. _____

_____

_____

4. _____

_____

5. _____

_____

_____

So habe ich KRISEN konkret GEMEISTERT

JEDE KRISE, DIE WIR GEMEISTERT HABEN, hat etwas in uns verändert. Das ist ganz wesentlich, und wir sollten uns das immer wieder vor Augen halten.

In diesem Abschnitt wollen wir uns etwas detaillierter mit den positiven Seiten unseres Umgangs mit diesen Herausforderungen befassen. Die Stärken, die wir dabei entwickelt haben, stecken noch in uns, und wir können jederzeit über sie verfügen.

Fragen Sie sich nun, wie es Ihnen gelungen ist, Lösungen zu finden. Es geht um die fünf Situationen, die so großen Einfluss auf Ihr weiteres Leben hatten (Seite 101). Was war erforderlich, um die jeweilige Situation zu meistern? Was haben Sie ganz konkret getan?

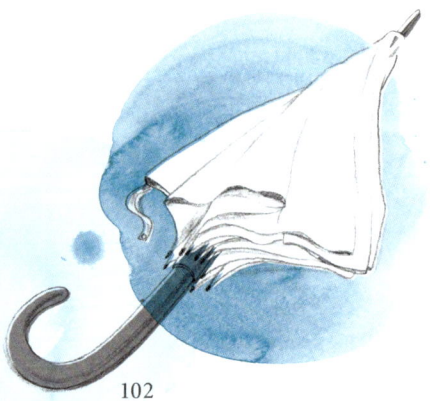

Situation:	*Eingesetzte Qualitäten, Kenntnisse, Fähigkeiten:*
1.	1.
2.	2.
3.	3.
4.	4.
5.	5.

Meine stärksten RESILIENZ-EIGENSCHAFTEN

DENKEN SIE NOCH EINMAL an den Begriff Resilienz (Seite 99), jenen Strauß von Eigenschaften, die jede auf ihre Art dazu beitragen, dass wir uns nicht unterkriegen lassen. Dazu gehören beispielsweise:

- die Fähigkeit, eine entstandene Situation zu akzeptieren
- Optimismus
- Selbstvertrauen
- Lösungsorientierung
- die Fähigkeit, sich neue Ziele zu setzen
- die Bereitschaft, Hilfe anzunehmen und Netzwerke zu nutzen
- die Entschlossenheit, aktiv zu werden

Betrachten Sie die schwierigen Situationen, die Sie bewältigt haben (Seite 101), unter dem Gesichtspunkt der Resilienz: Welche dieser Eigenschaften haben dabei (auch) eine Rolle gespielt?

Situation:	*Eingesetzte Resilenzstärken*
1.	1.
2.	2.
3.	3.
4.	4.
5.	5.

Meine in Krisen
ERWORBENEN STÄRKEN

KOMMEN WIR NOCH EIN WEITERES MAL auf die fünf schwierigen Situationen zurück, die Sie auf Seite 101 zusammengestellt haben.

Was fühlen Sie, wenn Sie sich diese Beispiele unter dem neuen positiven Gesichtspunkt vergegenwärtigen? Freude? Erleichterung? Triumph? Zuversicht? Irgendein anderes Gefühl?
Spüren Sie in sich hinein und lassen Sie sich ruhig etwas Zeit mit den Antworten. Wichtig ist, dass diese ganz authentisch Ihre Gefühle wiedergeben. Wenn Ihnen nicht sofort etwas einfällt, dann vielleicht in ein paar Tagen.

❧ *Wenn ich mir klarmache, was ich eigentlich mit dem Über-*
winden jener Schwierigkeiten geleistet habe, dann löst das folgende
Gefühle in mir aus:

_____

_____

_____

_____

_____

_____

❧ *Wenn ich künftig von vornherein an schwierige Situationen und*
Stolpersteine mit dem Wissen herangehen könnte, dass mir all das hilft,
meine Stärken weiterzuentwickeln – dann hieße das für mich:

_____

_____

_____

_____

_____

_____

Ziele, an denen ich FESTGE-HALTEN habe

WENN WIR ZIELE NICHT ERREICHEN, liegt das oft nicht daran, dass unsere Talente, Fähigkeiten und Stärken nicht ausreichen, sondern vielmehr daran, dass wir vorzeitig aufgegeben haben.

Ziele, die ich trotz widriger Umstände erreicht habe:

Stärken, die mir geholfen haben, dranzubleiben:

Meine Quellen der
ZUVERSICHT

WAS NÜTZT UNS ein überragendes Gesangstalent, wenn wir nur über wenig Selbstvertrauen verfügen und auch nicht daran glauben, dass wir daraus etwas machen können?

Es gibt positive Eigenschaften, die für unsere Stärken gewissermaßen als Fahrzeug dienen, denken Sie nur an die Resilienzfaktoren (Seite 99). Von ganz zentraler Bedeutung ist die Zuversicht: Eingebettet in Zuversicht können sich unsere Talente entfalten, und wir haben damit auch das nötige Durchhaltevermögen. Eine Quelle der Zuversicht kann ein guter Freund sein, frühere Erfolgserlebnisse, der Glaube an eine höhere Macht oder der innere Coach (Seite 80) oder ...

∾   *Meine Quellen der Zuversicht, die mir dabei helfen, Ziele auch auf Durststrecken oder bei Rückschlägen weiterzuverfolgen:*

Menschen, auf die ich IN EINER KRISE bauen kann

SICH HILFE ZU SUCHEN, ist kein Zeichen der Schwäche. Im Gegenteil. Wir sind nicht alleine auf dieser Welt, und es gibt keinen Grund, weshalb wir nicht auf jemanden zugehen und ihn um Unterstützung bitten sollten.

Das Know-how eines Freundes, das Wissen einer Kollegin, der Rat unserer Eltern oder die Erfahrung eines Mentors kann uns im entscheidenden Moment weiterbringen. Vieles können wir auch erst gemeinsam mit anderen erreichen. Trauen Sie sich ruhig, jemanden anzusprechen. Vielleicht rennen Sie ohnehin offene Türen ein und der andere wollte Ihnen längst anbieten, Ihnen unter die Arme zu greifen, war sich aber nicht sicher, wie Sie reagieren würden.

DENKEN SIE LÖSUNGSORIENTIERT

Sie wollen etwas Bestimmtes erreichen: Wie ist das am besten möglich? Vorsicht – es geht hier nicht darum, für den Zweck die Mittel zu heiligen und genauso wenig sollten Sie sich opportunistisch verhalten. Integrität wünschen wir uns ja auch von denen, die uns unterstützen.

Menschen, auf die ich bauen kann:

STARKE
SCHWÄCHEN

UNVOLLKOMMEN- HEITEN IM NEUEN LICHT BETRACHTET

IN DIESEM KAPITEL KÖNNEN SIE sich Ihren Schwächen widmen. Und eine neue Einstellung zu ihnen gewinnen. Vielleicht sind es verkümmerte Pflänzchen, die bislang noch nicht gehegt und gepflegt wurden. Oder Sie konnten schlicht das Positive daran (noch) nicht erkennen.

AUF DIE SITUATION KOMMT ES AN

Ob etwas eine Stärke oder eine Schwäche ist, hängt häufig davon ab, wo und wie wir diese Qualität einsetzen. Manchmal ist es gut, bescheiden zu sein, manchmal ist eher forsches Auftreten ratsam. Manchmal muss man vorsichtig sein, in anderen Situationen kommen wir nur mit einer Portion Risikofreude weiter. Manchmal stehen die Zeichen auf Kampf, dann wieder sollte man im eigenen Interesse schnellstens die Flucht ergreifen.

Jede Medaille hat zwei Seiten. Der eine leidet beispielsweise unter seinem Anspruch, gründlich vorzugehen, ein anderer ist stolz darauf. Und wer hat recht? Beide!

In bestimmten Situationen ist es eine hervorragende Qualität, genau zu sein und keinen Fehler zu dulden – dann wieder kann es hinderlich oder sogar völlig unpassend sein. Wer mit komplizierten technischen Geräten umgeht und eine hohe Verantwortung trägt, beispielsweise als Arzt, Fluglotse oder Controller, kommt ohne ein hohes Maß an Sorgfalt und Gewissenhaftigkeit nicht aus. Wer hingegen im Drogeriemarkt auf der Suche nach einem Shampoo den Text auf jeder einzelnen Verpackung liest, um nur ja das allerbeste Haarpflegemittel im Laden zu finden, macht sich das Leben unnötig schwer.

Ein LIEBEVOLLER UMGANG mit Schwächen kann WUNDER wirken

Letztlich interpretieren wir das als Stärken, was uns geeignet erscheint, Ziele zu verwirklichen – wohingegen Schwächen das sind, was uns eher davon abhält. Und das kann von Fall zu Fall variieren. Deshalb können Schwächen auch verdeckte Stärken sein: Sie wurden nur noch nicht in der passenden Situation eingesetzt. Kaum eine Eigenschaft oder Verhaltensweise erweist sich immer als Stärke oder immer als Schwäche; die Bewertung hängt vielmehr vom Kontext ab.
Betrachten Sie also das, was Sie bisher für Ihre Schwächen hielten, einmal unter diesem Gesichtspunkt! Versöhnen Sie sich damit und denken Sie darüber nach, wo diese vermeintlichen Schwächen in Zukunft zum Einsatz kommen und Ihnen gute Dienste erweisen können.
Im besten Fall werden Sie so manches müde vor sich hinzüngelnde Flämmchen zu einer lodernden Flamme entfachen können.

Das MAG ICH an mir selbst (noch) NICHT

DASS MAN BESTIMMTE EIGENSCHAFTEN je nach Situation positiv oder negativ sehen kann, wurde bereits angesprochen (Seite 114). Sehen Sie sich unter diesem Gesichtspunkt doch einmal das an, was Sie für Ihre Schwächen halten.

Untersuchen Sie das, was Sie sich insgeheim vorwerfen, was Sie an sich ablehnen, worüber Sie sich immer wieder ärgern – und fragen Sie sich dabei gleich, weshalb Sie das tun. Machen Sie sich auch Gedanken über den Schatz, der darin verborgen sein könnte.

Überlegen Sie, in welcher Situation etwas, das Sie als Schwäche ansehen, gebraucht werden könnte – das wäre dann die darin verborgene Stärke. Oder geben Sie Ihrer Schwäche ab heute einfach einen anderen, neutralen oder positiven Namen, etwa statt pingelig: gründlich, statt leicht abzulenken: reaktionsschnell, statt manipulierbar: einfühlsam.

❧ Das sehe ich als meine persönlichen Schwächen an, und zwar aus folgenden Gründen:

❧ Diese Stärken könnten darin verborgen sein:

_____

_____

_____

_____

_____

_____

_____

_____

_____

_____

_____

_____

_____

_____

_____

_____

Das EMPFINDEN ANDERE als meine Schwächen

KRITIK KANN ETWAS Niederschmetterndes haben oder einem zumindest vorübergehend die Stimmung verhageln. Trotzdem sollten Sie sich einmal etwas näher damit beschäftigen.

Nachdem zuerst das, was Sie selbst als Ihre Schwächen ansehen, auf der Tagesordnung stand (Seite 117), können Sie mit der Sichtweise anderer Menschen die Perspektive noch um wertvolle Einsichten erweitern. Wertvoll deshalb, weil ja hinter jedem Kritikpunkt etwas Positives verborgen sein könnte ...

Beschränken Sie sich dabei auf diejenigen Kritikpunkte, die Sie am meisten treffen. Betrachten Sie diese negativen Feedbacks als wichtige Impulsgeber auf Ihrem eigenen Entwicklungsweg. Und überlegen Sie zugleich wieder, welche Stärken in den vermeintlichen oder tatsächlichen Schwächen verborgen sein könnten.

⌘ Diese negativen Feedbacks erhalte ich öfter – und sie berühren mich irgendwie unangenehm, aus folgenden Gründen:

1.

2.

3.

⌘ Diese Stärken könnten im Negativen verborgen sein:

1.

2.

3.

Meine GRAVIERENDSTEN Fehlentscheidungen

FEHLER MACHT JEDER MAL. Sie sind wesentliche Bestandteile unserer Lern- und Erkenntnisprozesse. Manche Fehler sind banal, andere haben jedoch gravierende Folgen: etwa wenn wir eine Ausbildung vorzeitig abgebrochen haben oder dem Urteil eines Kollegen gefolgt sind, das sich später als vollkommen irrig erwies.

An die Konsequenzen zu denken, die wir uns eigentlich – im Nachhinein betrachtet – hätten ersparen können, kann uns mit (verdrängten) Scham- und Schuldgefühlen in Kontakt bringen, von Selbstvorwürfen ganz zu schweigen. Selbst wenn es Ihnen unangenehm ist, sich damit zu beschäftigen: Es lohnt sich, einen neuen Blick auf das Vorgefallene zu werfen, es zu analysieren und, was am wichtigsten ist, es neu zu bewerten.

∾   *Meine drei schlimmsten Fehleinschätzungen beziehungsweise Fehlentscheidungen und deren Konsequenzen:*

1. _____

_____

2. _____

_____

3. _____

_____

∾   *Das habe ich jeweils daraus gelernt:*

1. _____

2. _____

3. _____

∾   *Diese Stärken sind mir in der Folgezeit daraus erwachsen:*

_____

_____

_____

_____

_____

Fähigkeiten, die ich eigentlich
GERNE HÄTTE

OFT HABEN WIR festgefahrene Urteile über das, was wir nicht können. Wir reden es uns selbst ein oder wir haben es, womöglich von klein auf, von anderen gehört, etwa: »In unserer Familie kann keiner singen.« Oder: »Frauen sind allesamt technisch unbegabt.«

Möglicherweise sprechen wir uns selbst aufgrund negativer Erfahrungen bestimmte Talente und Fähigkeiten gänzlich ab. Einmal gescheitert, immer gescheitert … Nicht zu vergessen die Dinge, die wir gar nicht erst ausprobieren, überzeugt davon, dass wir damit eigentlich nur Schiffbruch erleiden können.

»ES GIBT MEHR LEUTE, DIE KAPITULIEREN, ALS SOLCHE, DIE SCHEITERN.« Henry Ford

Von all den Fähigkeiten, die Sie – vermeintlich oder tatsächlich – nicht haben, sollten Sie sich hier diejenigen herauspicken, die Sie eigentlich sehr gerne hätten. Vielleicht wartet da eine bislang noch nicht entwickelte Stärke darauf, entdeckt zu werden.

❧ *Einige wichtige Dinge, von denen ich meine, sie gar nicht zu können:*

1. _____
2. _____
3. _____
4. _____

❧ *Diese Stärken könnten sich dahinter verbergen:*

1. _____
2. _____
3. _____
4. _____

❧ *So kann ich zu diesen Stärken finden:*

_____
_____
_____
_____
_____

»BAUSTELLEN«,
an denen ich arbeite

ES IST DURCHAUS LÖBLICH, an Dingen zu arbeiten, die man nicht so gut beherrscht, besonders wenn man, zum Beispiel aus beruflichen Gründen, dazu gezwungen ist.

Aber wenn das zulasten unserer starken Seiten geht und wir nicht mehr mit diesen brillieren können, dann sollten wir den Einsatz hinterfragen, denn auch Stärken wollen gehegt werden, und wenn sie allzu lange brachliegen, können sie verkümmern.
Wenn Sie mit einer Ihrer »Baustellen« zu viel Zeit verbringen, sollten Sie sich fragen, wie Sie sich künftig wieder mehr Ihren positiven Seiten widmen können, anstatt den Blick immer auf das Negative zu lenken.

✍ Drei Aufgaben und Herausforderungen, die mir sehr schwerfallen und für deren Bewältigung ich viel Zeit opfere:

1. _____

2. _____

3. _____

✍ Aus diesen Gründen ist es für mich so wichtig, darin richtig gut zu werden:

1. _____

2. _____

3. _____

✍ Wenn ich es mir recht überlege, investiere ich hierbei zu viel Zeit:

_____

_____

_____

_____

_____

Schwächen, die MEINER ENT-FALTUNG im Weg stehen

WIE KÖNNEN WIR MIT SCHWÄCHEN UMGEHEN, die unsere starken Seiten blockieren? Was, wenn wir es mit hartnäckigen »Erfolgsverhinderern« zu tun haben?

Manches scheint sich nicht so schnell aus dem Weg räumen zu lassen. Was die Arbeit daran, Schwächen zu bekämpfen, auch so mühsam macht, ist, dass sie ständig Junge zu kriegen scheinen. Wer beispielsweise »Schüchternheit« als Schwäche erkannt hat und sich im Small Talk übt, findet womöglich neue Mängel in seinem sprachlichen Ausdruck, in seiner Mimik, Gestik, Körpersprache …

Überlegen Sie sich, wie Sie künftig bei Schwächen, die Ihnen im Weg sind, vorgehen wollen. Unterteilen Sie diese dazu in zwei Kategorien. Sie können nicht alle Schwächen auf einmal angehen. Lieber konzentrieren Sie sich auf einige wenige, widmen sich ihnen dann aber auch wirklich mit vollem Einsatz.

HABEN SIE GEDULD MIT SICH

Für Kategorie 1 gilt es, Lösungen zu finden. Was Sie der Kategorie 2 zuordnen, kann für Sie zu einem späteren Zeitpunkt durchaus veränderbar sein. Lassen Sie das Thema eine Weile ruhen und widmen Sie sich ihm in ein paar Wochen oder Monaten noch einmal unvoreingenommen.

❧   *Diese Schwächen behindern mich auf meinem Weg:*

_____

_____

_____

_____

❧   *Kategorie 1: An diesen Schwächen kann ich arbeiten. So will ich in Zukunft mit ihnen umgehen:*

_____

_____

_____

❧   *Kategorie 2: Diese Schwächen scheinen mir nach meinem derzeitigen Erkenntnisstand unveränderbar. Damit sie mich nicht weiter bei der Entfaltung meiner Stärken behindern, möchte ich folgendermaßen mit ihnen umgehen:*

_____

_____

_____

_____

STÄRKEN
STÄRKEN

HERAUS MIT IHREN SCHOKOLADEN-SEITEN!

JETZT, WO SIE IN Ihrem *Buch der Stärken* hier auf dieser Seite angekommen sind, haben Sie wahrscheinlich schon eine ganze Menge Stärken wieder- und neuentdeckt.

Wenn wir unser Potenzial ausbauen, dann wächst unser Selbstvertrauen und wird gefestigt. Und das vermittelt uns das beruhigende Gefühl, dem Leben und seinen Anforderungen gewachsen zu sein.

Wer von sich sagen kann: »Ich bin okay, so wie ich bin, und ich vertraue auf das, was ich weiß und kann«, der wird auch bei Problemen und Misserfolgen nicht die Flinte ins Korn werfen und resignieren, sondern verfügt über die Kraft, nach Lösungen zu suchen. Das Vertrauen ist da, dass sich ein Weg finden lässt – selbst in unklaren Situationen, die man für einige Zeit aushalten muss, solange noch kein Licht am Ende des Tunnels zu sehen ist.

Nun heißt es, sich auf einige Stärken zu konzentrieren. Denn wenn Sie sich verzetteln, kann die Kraft schnell verpuffen.

Wenn wir unsere Stärken weiter ausbauen, haben wir höchstwahrscheinlich ein Ziel vor Augen: Wir wollen an Ausstrahlung gewinnen, gelassener Probleme bewältigen, eine bestimmte Position erreichen, einen Sieg erringen, ein Team zum Erfolg führen, uns durch eine besondere Leistung hervortun, uns oder anderen etwas beweisen, glücklicher sein usw. Stellen Sie sich also die folgenden Fragen:

- Was will ich erreichen?
- Was ist für mich ein erstrebenswertes Ziel?
- Wofür will ich die Initiative ergreifen?
- Wofür lohnt es sich, am Ball zu bleiben?
- Wofür möchte ich es wagen, ein Risiko einzugehen?

Wenn wir wissen, wo wir hinwollen, was uns zufrieden und glücklich macht, dann sehen wir auch deutlicher, welche unserer Stärken es weiter zu unterstützen gilt. Talente, Fähigkeiten und Geschicklichkeiten können wir allerdings nur durch Anwenden und Üben weiterentwickeln. Nur wer sich fordert, fördert sich.

Wenn wir Herausforderungen und Schwierigkeiten ausweichen, tun wir uns damit keinen Gefallen. Das Leben ist ein Lernprozess, und wenn wir uns dem stellen, dann ist das wie das Schleifen eines Diamanten. Wir werden mit der Zeit immer klarer in unserer Ausrichtung und gewinnen zusehends an Erfahrung und Selbstvertrauen.

»NIEMAND WEISS, WIE WEIT SEINE KRÄFTE GEHEN, BIS ER SIE VERSUCHT HAT.« Johann Wolfgang v. Goethe

TOP TEN:
Das kann ich am besten

UNTER ALL DEN Talenten und Fähigkeiten, die uns auszeichnen, gibt es Qualitäten, die uns besonders viel bedeuten, und wir wissen: Ja, das ist charakteristisch für mich, das gehört zu meiner Identität.

Blättern Sie Sie in diesem Buch und lassen Sie das, was Sie bisher aufgeschrieben haben, auf sich wirken. Wählen Sie die zehn für Sie wichtigsten Qualitäten aus.

Die Top Ten meiner persönlichen Stärken:

1. _____

2. _____

3. _____

4. _____

5. _____

6. _____

7. _____

8. _____

9. _____

10. _____

Gestern, heute, morgen: EINSATZBEREICHE meiner Stärken

NEHMEN SIE SICH BITTE noch einmal die Liste Ihrer Top Ten vor (Seite 133). Und dann werfen Sie einen Blick in die Vergangenheit: Wo konnten Sie diese Stärken bisher erfolgreich einsetzen? In welchen Bereichen Ihres Berufes sind Sie dank ihrer vorangekommen und wo konnten Sie im Privatleben damit punkten?

Vielleicht lag auch die eine oder andere wiederentdeckte Stärke, die Sie heute wichtig finden, lange Zeit brach. Dann wenden Sie sich der Zukunft zu: In welchen Bereichen wollen Sie Ihre starken Seiten künftig einsetzen? Selbstverständlich muss sich nicht alles von der Vergangenheit unterscheiden. Aber sicherlich wachsen mit dem Erkennen Ihrer Stärken auch die Einsatzmöglichkeiten.

Vermerken Sie in der Übersicht auch, wo Sie im Moment noch keine Chance zur Verwirklichung sehen, wenngleich Sie sich das wünschen. Wer weiß, wie bald Ihr Wunsch doch Realität wird?

Stärke:	Dafür habe ich diese Stärke bisher meist eingesetzt:	So will ich diese Stärke künftig darüber hinaus auch nutzen:
1.		
2.		
3.		
4.		
5.		
6.		
7.		
8.		
9.		
10.		

Diese TALENTE will ich aktuell weiterentwickeln

SICHERLICH HABEN Sie eine Menge Ideen im Kopf, wie Sie Ihre Stärken ausbauen und wofür Sie sie gebrauchen können. Gute Vorsätze sind wichtig und wertvoll, aber man kann sie nicht alle auf einmal in die Tat umsetzen.

Da sollten Sie das Hauptaugenmerk auf einige wenige Qualitäten richten, sei es auch nur für einen überschaubaren Zeitraum. Machen Sie sich auch konkret Gedanken darüber, wie Sie vorgehen wollen. Die anderen Stärken sind deswegen nicht für alle Zeiten »auf Eis gelegt«. Sie können später darauf zurückgreifen und auch diese gezielt fördern.

Diese Stärken will ich als Erstes ausbauen und so will ich dabei konkret vorgehen:

EIN STARKES TEAM: Meine Stärken im Zusammenspiel

UNSERE STARKEN SEITEN können sich gegenseitig stärken und so einen Synergieeffekt hervorrufen. Wer beispielsweise unter seinen Top Ten gestalterisches Talent als Stärke hat und zugleich gut darin ist, Dinge unter dem Gesichtspunkt optimaler Arbeitsbedingungen zu ordnen, kann dies beim Einrichten von Büros nutzen.

DAS MACHT SIE ZU ETWAS GANZ BESONDEREM!

Mit dieser Aufgabe finden Sie auch echte Alleinstellungsmerkmale, die Ihnen so schnell keiner nachmacht. Denn es mag zwar einige Leute geben, die – um bei unserem Beispiel zu bleiben – über ähnliche gestalterische Talente verfügen wie Sie, aber kombiniert mit einer bestimmten anderen Stärke wird der Kreis dieser Menschen schon erheblich kleiner. Und das zeichnet Sie ganz individuell aus.

Suchen Sie sich aus Ihren Top Ten (Seite 133) diejenigen Stärken heraus, die besonders gut geeignet sind, andere Stärken zu unterstützen. Inwiefern und auf welche Weise sind sie dazu geeignet? Wofür ließe sich das nutzen?

Stärke:	unterstützt diese andere Stärke(n):	wie/wodurch?

Meine persönlichen HELFER

SIE MÜSSEN DAS RAD NICHT NEU ERFINDEN. Profitieren Sie von den Erfahrungen und dem Know-how anderer Menschen. Sie müssen auch nicht alles im Alleingang machen. Unterstützung kann beflügeln.

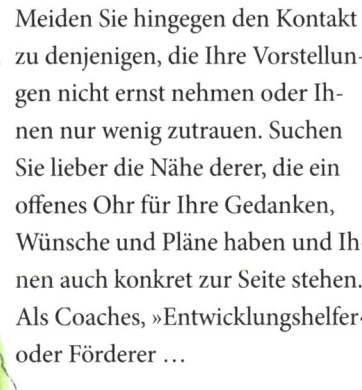

Meiden Sie hingegen den Kontakt zu denjenigen, die Ihre Vorstellungen nicht ernst nehmen oder Ihnen nur wenig zutrauen. Suchen Sie lieber die Nähe derer, die ein offenes Ohr für Ihre Gedanken, Wünsche und Pläne haben und Ihnen auch konkret zur Seite stehen. Als Coaches, »Entwicklungshelfer« oder Förderer …

Menschen, die mir gewogen sind und die mich gerne beim Umsetzen von Vorhaben unterstützen:

Meine IDEENKISTEN

IHRE PERSÖNLICHEN HELFER können gleich zum Einsatz kommen und einige Ideen für die Verwirklichung der Stärken beisteuern, die Sie ganz oben auf die Agenda gesetzt haben (Seite 137). Zwei, drei oder vier Köpfe haben mehr Einfälle als einer. Oft sieht man ja naheliegende Möglichkeiten nicht, die anderen sofort auffallen.

Legen Sie für jede der Stärken, die Sie zeitnah ausbauen wollen (maximal drei), eine kleine Kiste an. Dort können Sie, zunächst unsortiert, alles hineingeben, was mit Ihrem Thema zu tun hat und Sie weiterbringen kann. Außer Zetteln mit Notizen zu Ideen können das zum Beispiel auch Symbole, Fotos oder Bilder sein, die in Bezug auf Ihr Vorhaben ermutigend oder inspirierend wirken.

Machen Sie ein Brainstorming mit Ihren Helfern (Seite 141), entweder im Zweiergespräch oder auch mit mehreren auf einmal. Notieren Sie sich dabei alle Ideen, die geäußert werden, auch solche, die abwegig klingen. Debattieren Sie nicht das Für und Wider – darum geht es hier nicht – und vermeiden Sie es, mit »Ja, aber ...« den Ideenfluss zum Versickern zu bringen. Schreiben Sie einfach alles auf. Sie müssen ja keine dieser Ideen verwirklichen.

Geben Sie die Ideensammlungen dann in die jeweilige Kiste und halten Sie das, was Sie besonders spannend finden, hier schriftlich fest.

Diese Stärken will ich als Erstes ausbauen:

1. Kiste, für meine Stärke

2. Kiste, für meine Stärke

3. Kiste, für meine Stärke

ÜBUNG:
STÄRKEN JEDERZEIT AKTIVIEREN

IN MANCHEN SITUATIONEN fühlen wir uns stark und sicher, das strahlen wir dann auch aus. Dann wieder finden wir keinen rechten Zugang zu unseren Stärken, wir fühlen uns verzagt und linkisch und werden von Selbstzweifeln geplagt.

Die folgenden fünf Schritte helfen dabei, die eigenen Stärken zu aktivieren – gerade auch in den Situationen, in denen es darauf ankommt:

1 Stellen Sie sich locker hin, schließen Sie die Augen und erinnern Sie sich an eine Situation, in der Sie mit Stärke und Selbstvertrauen gepunktet haben. Versetzen Sie sich ganz in diese Erinnerung hinein und erleben Sie sie erneut.

- Was haben Sie gesehen?
- Was haben Sie gehört?
- Wie haben Sie sich gefühlt?

2 Spüren Sie genau nach. Rufen Sie möglichst viele Details des Erlebnisses in sich wach. Steigern Sie die Qualität Ihrer Vorstellung noch weiter, indem Sie die Sinneseindrücke, die damit verbunden sind, intensiver werden lassen. Sobald Sie die Stärke und das Selbstvertrauen, die Sie in der Situation hatten, besonders deutlich spüren, machen Sie eine spezielle kleine Geste: Formen Sie beispielsweise mit Daumen und kleinem Finger beider Hände jeweils einen Kreis.

3 Führen Sie diesen Vorgang (Imagination und Geste) mehrmals hintereinander durch, um die Verbindung zwischen der Geste und dem Gefühl der Stärke und des Selbstvertrauens immer weiter zu festigen, bis Sie schließlich nur noch die Geste ausführen müssen, um die Qualitäten in sich hervorzurufen.

4 Denken Sie nun an eine künftige Situation, in der Sie sich genauso stark und voller Selbstvertrauen fühlen wollen. Führen Sie Ihre Geste aus und stellen Sie sich dabei vor, wie Sie damit in dieser kommenden Situation Ihre Stärke wachrufen.

5 Wenn Sie dann später »live« in die Situation hineingehen, aktivieren Sie auch hier eingangs Ihr Gefühl von Stärke und Selbstvertrauen mit Hilfe der Fingergeste.

DIE ZUKUNFT
JETZT
GESTALTEN

SO KÖNNEN SIE GLEICH ANFANGEN

WENN SIE SICH DAFÜR ENTSCHEIDEN, Ihr Leben künftig Ihren persönlichen Stärken folgend zu gestalten, ist es wichtig, sich darüber klar zu sein, was genau Sie verwirklichen wollen. Heute. In einem Jahr. In fernerer Zukunft.

Ein Buch voller persönlicher Stärken, ganz individuell von Ihnen selbst gestaltet, ist eine echte Schatzkiste. Über manche Stärken wussten Sie schon Bescheid, andere haben Sie jetzt erst (wieder)entdeckt, sei es, indem Sie darüber reflektiert haben, sei es, indem Sie sich für die Ansichten anderer geöffnet haben.

Da gab es sicherlich so manches Aha-Erlebnis! Etwas zu ergründen und besser zu verstehen, bringt nicht nur mehr Klarheit, sondern beschwingt regelrecht. Oft ändert sich allein dadurch schon einiges: Wir trauen uns mehr zu. Und: Wer sich seiner Stärken bewusst ist, sieht für sich neue Möglichkeiten.

Doch was nun? Wie können Sie das vertiefte Wissen um Ihre Stärken im Alltag konkret anwenden und wie von diesem Wissen profitieren? Wo liegt der praktische Nutzen für Sie?

Zunächst können Sie nun darangehen, Ihre Stärken tagtäglich einzusetzen. Und darüber hinaus sollten Sie sich auch einmal ganz grundsätzlich fragen, ob Sie in Ihrem Leben und in Ihrer Arbeit am richtigen

Platz sind. Falls dies nicht der Fall ist: Welche anderen Möglichkeiten könnten Ihnen besser gerecht werden?

Ihre Ziele und Prioritäten sind maßgeblich für Ihre Entscheidung, welche Stärken Sie künftig bevorzugt einsetzen und gegebenenfalls weiterentwickeln wollen. Wohin soll der Weg – privat und beruflich – gehen? Was ist Ihnen weniger wichtig? Wovon möchten Sie sich teil-

weise oder ganz verabschieden? Wenn Sie Antworten auf diese Fragen haben, dann können Sie Ihre Energie bündeln und sie auf das, was Ihnen wichtig ist, fokussieren.

Wenn es ANDERS KOMMT …

Planung ist wichtig. Aber das heißt nicht, dass alles genau so eintrifft. Es gibt den Zufall, und es können unvorhergesehene Ereignisse eintreten, die den schönsten Plan Makulatur werden lassen. Vieles kommt anders, als man denkt. Aber das spricht keineswegs gegen Planen. Bleiben Sie flexibel, nehmen Sie gegebenenfalls Kurskorrekturen vor und überlegen Sie, ob ein zufälliges Ereignis vielleicht eine wichtige Botschaft für Sie enthält und Ihnen sogar nützlich sein kann.

Meine WÜNSCHE für die Zukunft

NEHMEN SIE SICH ETWAS ZEIT für ein Brainstorming: Was ist Ihnen wichtig im Leben? Was wünschen Sie sich? Wie würden Sie gerne leben?

Schreiben Sie alles auf, was Ihnen einfällt. Und nicht vergessen: Es sollten Ihre Herzensangelegenheiten sein, keine Pflichtaufgaben und nichts, was überwiegend auf die Erwartungen anderer ausgerichtet ist. Wenn das eine oder andere sich jedoch mit Ihren eigenen Wunschvorstellungen deckt: Wunderbar – dann gehört dies mit auf die Liste. Denken Sie an alle Lebensbereiche: Beruf, eigene Projekte, Freizeit, Partnerschaft, Familie, Gesundheit …

»WEGE ENTSTEHEN DADURCH, DASS MAN SIE GEHT.« Franz Kafka zugeschrieben

Das wünsche ich mir für mein Leben:

Aus diesen Wünschen werden
ERREICHBARE ZIELE

NICHT ALLE WÜNSCHE können wir verwirklichen. Beispielsweise weil die Erfüllung mancher Wünsche von Umständen, die nicht in unserer Hand liegen, beziehungsweise von glücklichen Zufällen abhängig ist – denken Sie nur an einen Lottogewinn.

Andere Wünsche können wir durchaus realisieren. Unsere Stärken sind dabei eine wesentliche Unterstützung. Wählen Sie aus Ihrer Wunschliste (Seite 151) die fünf aus, die Sie mithilfe Ihrer größten Stärken (Seite 133) in Ziele verwandeln und erreichen können.

❧ *Meine fünf größten Wünsche:*

1.

2.

3.

4.

5.

In ZEHN Jahren …

SEHEN SIE SICH IHR LEBEN einmal aus der Vogelperspektive an. Große Linien werden erkennbar, die für Ihr ganzes Leben von Bedeutung sind. So können Sie Ihren Blick für Prioritäten schärfen.

Wie können aus Wünschen Ziele werden? Betrachten Sie Ihre fünf größten Wünsche (Seite 152). Wie bewerten Sie diese im Rahmen der Zehnjahres-Perspektive? Was soll sich bis dahin verändert haben?

> *»DIE MEISTEN MENSCHEN ÜBERSCHÄTZEN, WAS SIE IN EINEM JAHR TUN KÖNNEN, UND UNTERSCHÄTZEN, WAS SIE IN ZEHN JAHREN TUN KÖNNEN.«* Jim Rohn

In zehn Jahren will ich …

Das kann ich KONKRET für meine ZUKUNFTSVISION tun

DER NÄCHSTE SCHRITT IST, dass Sie sich klarmachen, was dazu erforderlich ist, Ihre Zehnjahres-Perspektive zu verwirklichen. Dann können Sie gleich loslegen!

Betrachten Sie Ihre fünf wichtigsten Ziele und Ihre Vorstellung davon, was Sie in zehn Jahren erreicht haben wollen. Was ist notwendig, um die entsprechenden Veränderungen herbeizuführen? Welche Maßnahmen sind dafür jeweils erforderlich? Und was davon können Sie selbst in die Hand nehmen?

»EIN ZIEL IST EIN WUNSCH MIT EINEM DATUM.« Barbara Sher

Ziele:	Notwendige Veränderungen:	So kann ich dafür gezielt aktiv erden:
1.		
2.		
3.		
4.		
5.		

Meine ersten ETAPPENZIELE

DER BLICK IN DIE FERNE IST DAS EINE – was wir im Hier und Jetzt konkret tun können, ist das andere. Haben Sie erst einmal die langfristige Route festgelegt, geht es um konkrete Schritte, mit denen Sie sofort beginnen können.

SCHRITT FÜR SCHRITT

Beglückwünschen Sie sich, wenn Sie ein Etappenziel erreicht haben, und legen Sie dann ein weiteres fest, das Sie Ihrem dahinterstehenden »großen« Ziel wieder ein Stück näherbringt.

Wählen Sie für jedes der fünf großen Ziele, die Ihnen langfristig wichtig sind (Seite 152, 153), ein kleines, gut umsetzbares Etappenziel aus, das Sie in den nächsten Wochen erreichen wollen.

Bei den Etappenzielen ist der Blick für das Machbare besonders wichtig, denn wenn Sie sich zu viel auf einmal vornehmen und es dann nicht erreichen, schwindet die Motivation. Haben Sie sich hingegen überschaubare Etappen vorgenommen, die gut umsetzbar sind, und erreichen diese, dann fühlen Sie sich bestätigt und sind obendrein auch motiviert, weiterzumachen.

∾ *Je ein Etappenziel für meine fünf wichtigsten langfristigen Ziele,*
das ich schon in den kommenden Wochen umsetzen kann:

1. _____

_____

_____

2. _____

_____

_____

_____

3. _____

_____

_____

4. _____

_____

_____

_____

5. _____

_____

_____

_____

Diese STÄRKEN setze ich für MEINE ETAPPENZIELE ein

WENN WIR UNS von einem Etappenziel zum nächsten in Richtung eines größeren Zieles bewegen und an den Ergebnissen sehen, dass wir vorankommen, dann stärkt dies unser Selbstvertrauen.

Dabei ist es ganz wichtig, dass wir uns immer wieder auf unsere Stärken besinnen und uns überlegen, wie wir sie am effektivsten einsetzen können. Betrachten Sie Ihre fünf ausgewählten nächsten Etappenziele unter diesem Gesichtspunkt.

Meine Ziele:	Meine Stärken, die mir dabei helfen:	Wo und wie genau ich diese Stärken einsetze:
Etappenziel 1		
Etappenziel 2		
Etappenziel 3		
Etappenziel 4		
Etappenziel 5		

Das kann ich getrost
LOSLASSEN

WENN WIR UNSERE ENERGIE auf Stärken und Ziele ausrichten, auf all das, was uns einem erfüllten Leben näherbringt, fällt es uns leichter, Bestrebungen und Verhaltensweisen loszulassen, die uns ablenken oder uns sogar schaden.

Gemeint sind hier nicht Aktivitäten, die wir »einfach so« pflegen, weil sie uns Spaß machen. Sie sind wichtig für uns, denn sie gehören zu unseren Kraftquellen.

Vielmehr geht es um die Dinge, mit denen wir uns abgemüht haben, um einem bestimmten Bild zu entsprechen, das nichts mit dem zu tun hat, was uns im Grunde wirklich wichtig ist.

Loslassen heißt auch, mit manchen unserer Schwächen Frieden zu schließen und sie zu akzeptieren – sei es, dass sie nicht oder nur mühsam zu verändern sind, sei es, weil sie für das Erreichen unserer Ziele nicht von Belang sind. Oder vielleicht einfach weil sie ein liebenswertes Persönlichkeitsmerkmal von uns sind …

∾ *Diese Bestrebungen beziehungsweise Verhaltensweisen will ich loslassen:*

_____

_____

_____

_____

_____

_____

_____

_____

∾ *Mit diesen Schwächen möchte ich Frieden schließen:*

_____

_____

_____

_____

_____

_____

_____

_____

DER TURBO für mein Weiterkommen

SELBSTERFAHRUNGSWOCHENENDEN, Seminare, Workshops – heute gibt es ein riesiges Angebot an Fortbildungsmöglichkeiten, bei dem für jeden etwas dabei ist, ob er sich nun persönlich weiterentwickeln oder seine Karriere voranbringen möchte.

Doch nicht nur solche Maßnahmen helfen uns weiter. Wo immer wir unsere Stärken einsetzen, trainieren wir sie gleichzeitig. Je häufiger wir das tun, desto sicherer werden wir in dem, was wir tun.
Übrigens: Es macht Spaß, die eigenen Erfolge zu dokumentieren. Dabei zählen auch kleine und kleinste Erfolge. Wenn unsere Erfolge schwarz auf weiß zu lesen sind, gehen sie nicht im Trubel des Alltags verloren. Führen Sie zum Beispiel ein Erfolgstagebuch. Je mehr Seiten Sie füllen, desto mehr wachsen Zufriedenheit und Zuversicht. Und es ist eine schöne Motivation, den eingeschlagenen Weg weiterzugehen und die langfristigen Ziele im Blick zu behalten.

Maßnahmen, mit denen ich meine Stärken weiter fördern will:

Nachwort

LIEBE LESERIN, LIEBER LESER, nun halten Sie einen Schatz in Ihren Händen! Sie haben Seite um Seite dieses Buches gefüllt, und es trägt Ihren Stempel.

Genauso wie Sie als Persönlichkeit einmalig sind, ist nun auch dieses Buch ein Unikat. Sehen Sie es als ein Reservoir der Stärken, aus dem Sie künftig, wann immer Sie wollen, schöpfen können.
Vielleicht haben Sie bereits die eine oder andere neue Erfahrung gemacht. Auf jeden Fall ist das erst der Anfang! Setzen Sie die Erkenntnisse, die Sie gewonnen haben, immer wieder im Alltag um. Gestalten Sie Ihr Leben so, dass Ihre starken Seiten zum Einsatz kommen. Wenn sich einmal Selbstzweifel breitmachen sollten, oder wenn Sie eine schwierige Situation zu meistern haben, dann blättern Sie in Ihrem *Buch der Stärken* und halten sich vor Augen, welche Kompetenzen Sie auszeichnen und was Sie dank Ihrer starken Seiten schon alles bewältigt haben. Das vertreibt die Sorgenwolken und stärkt Selbstvertrauen und Zuversicht ganz enorm. Und das Wichtigste: Ihre Stärken sind wie Leuchttürme im Meer des Lebens, in dem die Wellen manchmal ganz schön hoch schlagen können.
Ich wünsche Ihnen viel Erfolg auf Ihrer weiteren Reise!

Ihre Sigrid Engelbrecht

ZUM NACHSCHLAGEN

Bücher, die weiterhelfen

Bamberger, Christoph M.: ENTDECKEN SIE IHR GENETISCHES ICH. *Knaur Verlag, 2009*

Bents, Richard / Blank, Reiner: TYPISCH MENSCH. *Einführung in die Typentheorie. Hogrefe Verlag, 2004*

Buckingham, Marcus / Clifton, Donald O.: ENTDECKEN SIE IHRE STÄRKEN JETZT! *Campus Verlag, 2011*

Christiani, Alexander / Scheelen, Frank M.: STÄRKEN STÄRKEN. *Talente entdecken, entwickeln und einsetzen. Redline Verlag, 2008*

Fredrickson, Barbara L.: DIE MACHT DER GUTEN GEFÜHLE. *Wie eine positive Haltung Ihr Leben dauerhaft verändert. Campus Verlag, 2011*

Olsson, Peter: ERKENNE DEIN TALENT. *Was wir von Spitzensportlern und Topmanagern lernen können. Edel Germany, 2011*

Potreck-Rose, Friederike: VON DER FREUDE, DEN SELBSTWERT ZU STÄRKEN. *Klett-Cotta Verlag, 2011*

Reiss, Steven: WER BIN ICH UND WAS WILL ICH WIRKLICH? *Redline Verlag, 2009*

Seligman, Martin: FLOURISH – WIE MENSCHEN AUFBLÜHEN. *Die Positive Psychologie des gelingenden Lebens. Kösel Verlag, 2012*

Siefer, Werner: DAS GENIE IN MIR. *Warum Talent erlernbar ist. Campus Verlag, 2009*

Späth, Thomas / Shi Yan Bao: SHAOLIN. *Das Geheimnis der inneren Stärke. GRÄFE UND UNZER VERLAG, 2011*

Storch, Maja / Kuhl, Julius: DIE KRAFT AUS DEM SELBST. *Huber Verlag, 2011*

Internet-Adressen, die weiterhelfen

WWW.ZEITZULEBEN.DE
Deutschlands umfangreichstes Portal für persönliche Weiterentwicklung mit dem Motto »Das Leben in die Hand nehmen«.

WWW.PSYTESTS.DE
Portal für Onlineforschung am psychologischen Institut der Humboldt-Universität zu Berlin.

WWW.ISMZ.CH
Institut für Selbstmanagement und Motivation Zürich ISMZ GmbH, ein Spin-Off der Universität Zürich.

IMPRESSUM

BESTSELLERAUTORIN SIGRID ENGELBRECHT

ist freiberufliche Mental- und Wellnesstrainerin und gilt als Expertin für Kreativität und Persönlichkeitsentwicklung. Als Coach begleitet sie Menschen in beruflichen und persönlichen Veränderungsprozessen. Die gelernte Dipl.-Designerin, Malerin und elffache Buchautorin ist eine inspirierende Keynote-Rednerin im deutschsprachigen Raum.

Im Internet: www.engelbrecht-media.de

© 2012 Gräfe und Unzer Verlag GmbH, München

Alle Rechte vorbehalten. Nachdruck, auch auszugsweise, sowie Verbreitung durch Film, Funk, Fernsehen und Internet, durch fotomechanische Wiedergabe, Tonträger und Datenverarbeitungssysteme jeglicher Art nur mit schriftlicher Genehmigung des Verlags.

PROJEKTLEITUNG UND BILDREDAKTION: Nikola Hirmer

LEKTORAT: Daniela Weise

KORREKTORAT: Mischa Gallé

SATZ: griesbeckdesign, München

COVER: Shutterstock

ILLUSTRATIONEN: Anja Stiehler

SYNDICATION: www.jalag-syndication.de

UMSCHLAG UND GESTALTUNG: independent Medien-Design, Horst Moser, München

HERSTELLUNG: Anna Bäumner

REPRO: medienprinzen GmbH, München

DRUCK UND BINDUNG: Firmengruppe Appl (aprinta druck, m. appl GmbH), Wemding

ISBN 978-3-8338-2508-8

1. Auflage 2012

GRÄFE UND UNZER

Ein Unternehmen der
GANSKE VERLAGSGRUPPE

www.facebook.com/gu.verlag

DAS ORIGINAL · MIT GARANTIE · GU

Unsere Garantie

Alle Informationen in diesem Ratgeber sind sorgfältig und gewissenhaft geprüft. Sollte dennoch einmal ein Fehler enthalten sein, schicken Sie uns das Buch mit dem entsprechenden Hinweis an unseren Leserservice zurück. Wir tauschen Ihnen den GU-Ratgeber gegen einen anderen zum gleichen oder ähnlichen Thema um.

Liebe Leserin und lieber Leser,

wir freuen uns, dass Sie sich für ein GU-Buch entschieden haben. Mit Ihrem Kauf setzen Sie auf die Qualität, Kompetenz und Aktualität unserer Ratgeber. Dafür sagen wir Danke! Wir wollen als führender Ratgeberverlag noch besser werden. Daher ist uns Ihre Meinung wichtig. Bitte senden Sie uns Ihre Anregungen, Ihre Kritik oder Ihr Lob zu unseren Büchern. Haben Sie Fragen oder benötigen Sie weiteren Rat zum Thema? Wir freuen uns auf Ihre Nachricht!

Wir sind für Sie da!
Montag–Donnerstag:
8.00–18.00 Uhr;
Freitag: 8.00–16.00 Uhr
Tel.:0180-5 00 50 54*
Fax: 0180-5 01 20 54*
E-Mail:
leserservice@graefe-und-unzer.de

*(0,14 €/Min. aus dem dt. Festnetz/ Mobilfunk- preise maximal 0,42 €/Min.)

P.S.: Wollen Sie noch mehr Aktuelles von GU wissen, dann abonnieren Sie doch unseren kostenlosen GU-Online-Newsletter und/oder unsere kosten losen Kundenmagazine.

GRÄFE UND UNZER VERLAG
Leserservice
Postfach 86 03 13
81630 München*